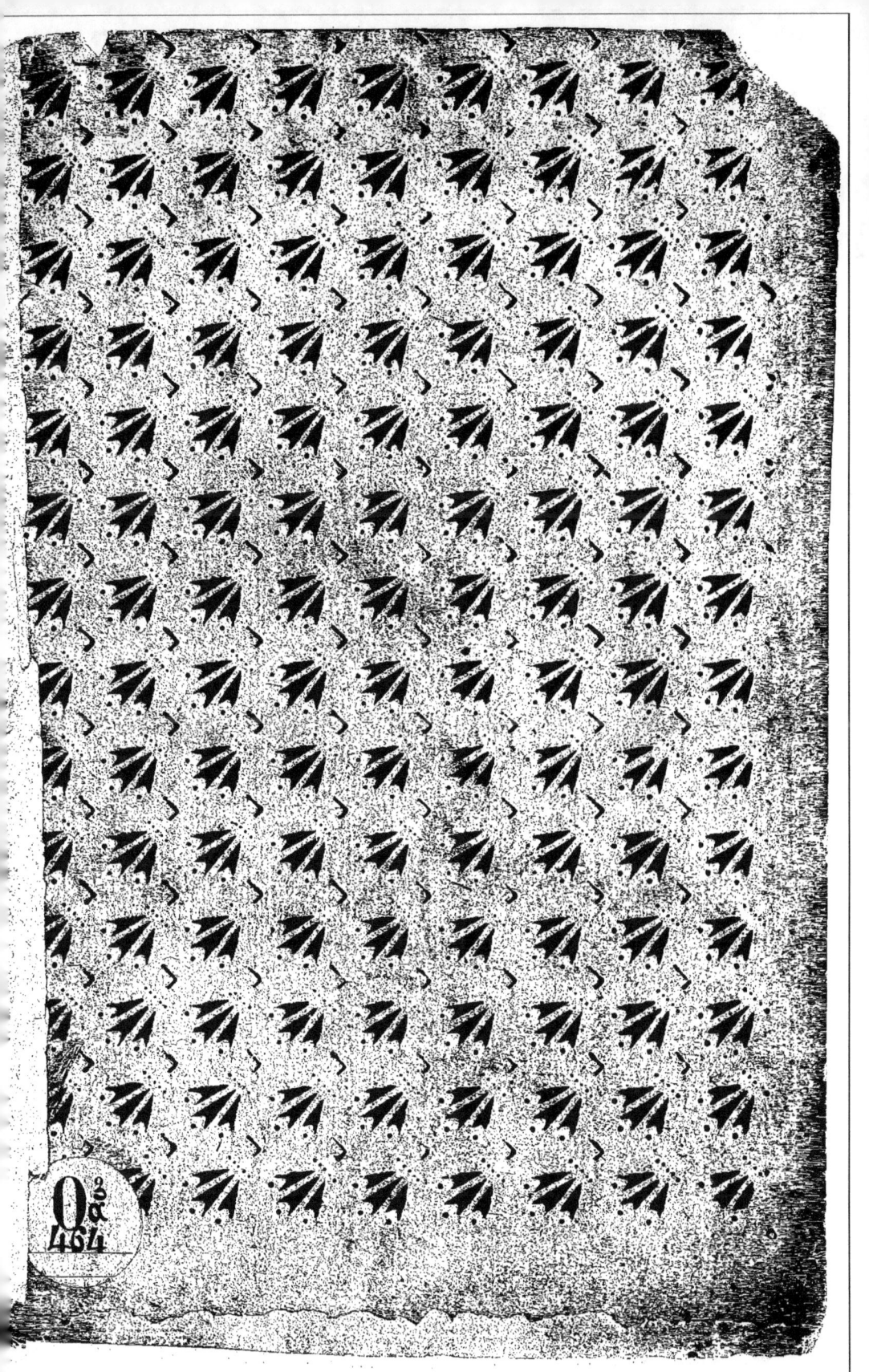

L'ÉGYPTE

sous

LES PHARAONS,

ou

RECHERCHES

Sur la Géographie, la Religion, la Langue,
les Écritures et l'Histoire de l'Égypte
avant l'invasion de Cambyse;

Par M. CHAMPOLLION jeune,

Docteur ès-Lettres, Professeur-Adjoint d'Histoire à la Faculté
des Lettres de l'Académie de Grenoble, membre de la Société
des Sciences et des Arts de la même Ville.

TOME PREMIER.

DESCRIPTION GÉOGRAPHIQUE.

INTRODUCTION.

De l'Imprimerie de J. H. Peyronard.

1.er Mars 1811.

AVERTISSEMENT.

CETTE INTRODUCTION est imprimée depuis le mois d'octobre dernier. N'étant point destinée à être isolée de l'ouvrage dont elle fait partie, elle n'avait été communiquée qu'à trois personnes qui s'intéressent vivement à son succès. Des circonstances, peu importantes pour le Public, mais du plus grand poids pour l'auteur, l'obligent aujourd'hui à publier trente exemplaires de cette Introduction, qui fera connaître le but qu'il s'est proposé et les moyens dont il s'est servi pour l'atteindre. Elle est telle qu'elle paraîtra dans le premier volume d'un ouvrage qui est le fruit de plusieurs années de recherches et d'études sur l'État physique et politique de l'Égypte avant son invasion par les Perses.

Le Tableau placé à la suite de l'Introduction, n'a été composé que pour les trente exemplaires publiés dans ce moment. Il offre le plan et l'analyse de la *Description géographique de l'Égypte sous les Pharaons*, et la synonymie des noms égyptiens, grecs, arabes et vulgaires. On n'a inséré dans cette liste que les noms des lieux dont la position est déterminée dans la Description (1).

Elle formera le premier volume de l'ouvrage. Son impression est continuée avec toute la célérité que permettent les difficultés typographiques. Elle aura environ 500 pages, et paraîtra incessamment. Le second volume suivra de près le premier.

L'auteur éprouvera moins de regrets de cette publication précoce, si elle peut prévenir favorablement les Savans et le Public sur son travail.

Grenoble, le 1.er mars 1811.

(1) On donnera une liste des noms égyptiens des lieux dont on n'aura pu indiquer la situation.

L'ÉGYPTE

SOUS

LES PHARAONS.

PREMIERE PARTIE.

DESCRIPTION GÉOGRAPHIQUE.

INTRODUCTION.

LE nom de l'Égypte rappelle de grands souvenirs, et se rattache aux plus mémorables époques de l'histoire. Cette contrée célèbre fut le berceau des sciences et des arts de l'Europe. Plusieurs peuples de l'Orient et presque toutes les nations européennes étaient encore plongés dans les ténèbres de la barbarie, lorsque l'Égypte, parvenue à son plus haut point de splendeur et de gloire, voyait dans son sein des monarques puissans veiller à l'exécution de ses lois qu'avait dictées la sagesse la plus profonde, et des colléges nombreux de prêtres assurer de tous leurs efforts les

progrès des lumières et le bonheur des peuples ; et
lorsque, sous Psamménite, l'Empire égyptien qui,
plusieurs siècles auparavant, avait été ébranlé par les
incursions successives des Arabes et des Éthiopiens,
fut entièrement renversé par les armes victorieuses des
Perses, l'Europe ressentait à peine les effets bien-
faisans de la civilisation naissante.

L'Égypte était habitée par un peuple sage, qui ne
fut étranger à aucune espèce de gloire. Subjuguée par
un conquérant qui lui fit perdre tous ses avantages,
en détruisant ses institutions politiques et religieuses ;
soumise ensuite par Alexandre, après la mort duquel elle reçut une nouvelle existence ; courbée sous
le joug des Romains, conquise par les Arabes, et
tombée enfin au pouvoir de la nation ignorante qui
la possède encore, elle fut tour-à-tour le théâtre des
lumières et du bonheur, de la barbarie et de l'in-
fortune.

Rien n'est plus intéressant que de connaître à fond
l'histoire ancienne de l'Empire égyptien. Les tems où
il brilla d'un si vif éclat sont déjà bien loin de nous,
et cette haute antiquité semble attacher à tout ce qui
se rapporte à l'Égypte une espèce de merveilleux, qui
affaiblit en quelque sorte l'admiration et l'intérêt
qu'elle excite à un si haut degré. Cependant les monumens gigantesques dont son sol est couvert, ceux
que des circonstances diverses ont fait transporter en
Europe, attesteront encore aux siècles à venir que les

auteurs grecs et latins qui se sont plus à vanter l'antiquité, la sagesse et les connaissances scientifiques des
Égyptiens, ne nous ont point fait sur ce peuple des
rapports exagérés ou dictés par l'enthousiasme, mais
que ce qu'ils en ont écrit est même au-dessous de la
réalité.

En nous livrant à des recherches sur les points les
plus importans de l'histoire de l'ancienne Égypte, nous
avons été soutenus et encouragés par la grandeur du
sujet, et, d'après le plan que nous nous sommes
tracé, nous avons dû nous occuper d'abord de sa
description géographique. Nous avons eu pour but
principal de faire connaître ce pays par lui-même :
nous avons essayé de rédiger une *géographie égyptienne de l'Égypte;* il n'en existait pas jusqu'à présent.
En effet, l'Égypte a toujours été couverte d'un voile
mystérieux, et ce n'est qu'à travers ce voile épais que
les anciens ont pu en prendre les notions qu'ils nous
en ont transmises. Ignorant la langue du pays, et
repoussés par les difficultés que les Égyptiens oppo-
saient aux étrangers qui voulaient pénétrer dans leurs
provinces (1), leurs récits sur cette contrée ne peuvent
être que peu satisfaisans.

Les anciens rois d'Égypte, dit Strabon (2), éloi-
gnaient soigneusement les étrangers de l'intérieur de

(1) Hérodote, liv. II; Genèse, chap. 43 et 46 ; Diodore de Sicile,
liv. I, sect. 11.
(2) Strabon, liv. XVII.

leur royaume, parce qu'ils étaient contens de leurs richesses. Ce fut l'exécution rigoureuse de cette mesure politique, qui livra aux Phéniciens une grande partie du commerce maritime de l'Égypte.

Ses prêtres, qui tenaient le premier rang dans l'État et occupaient les premières magistratures (1), persuadés que le bonheur du peuple était attaché à la conservation de ses usages éprouvés par l'expérience et établis pour la plupart, comme ceux des autres Orientaux, d'après l'état physique des lieux, contribuèrent éminemment à prévenir toute communication entre les nations étrangères et les Égyptiens. Cette maxime fondamentale de la politique égyptienne s'est conservée jusqu'à nos jours chez les Chinois, et les événemens désastreux qui, dans la suite, anéantirent pour toujours la liberté de l'Égypte, justifièrent pleinement cette opinion des prêtres, et confirmèrent leurs craintes.

La chute de cet Empire fut en effet préparée par le relâchement du peuple dans l'exécution de ses antiques lois; elle fut certaine lorsque Psammouthis I.er (2) et Amasis eurent facilité les relations des Égyptiens avec les étrangers. Sous les rois qui régnèrent avant eux, l'ordre sacerdotal, nombreux et puissant, usait de toute son influence pour empêcher ces rapports avec l'extérieur. Il ne lui était pas difficile d'atteindre à ce

_____

(1) Diodore de Sicile, liv. I.

(2) Le Psammitichus des Grecs.

but, puisque, comme les Brahmes dans l'Inde, cette classe était dépositaire de la religion et du savoir, tenait les rois sous une espèce de subjection et de tutelle, et constituait ainsi le gouvernement de l'Égypte en une sorte de gouvernement théocratique (1).]]

De ces circonstances réunies résultèrent l'éloignement qu'eurent les premiers Égyptiens pour la marine, et les obstacles qu'ils opposèrent constamment à ceux que le desir de s'instruire conduisait dans cette contrée mystérieuse.

Mais lorsque Cambyse eut renversé la monarchie égyptienne, ravagé les villes, brûlé les temples et dispersé les prêtres, ce pays, naguères la patrie des sciences et des arts, fut courbé sous le joug despotique des Perses, et perdit son bonheur avec ses connaissances, sans perdre sa célébrité.

Dans le laps de tems qui s'écoula depuis Cambyse jusques à Alexandre, il devint le théâtre fréquent de guerres civiles. Les efforts sans cesse renaissans de plusieurs chefs égyptiens pour délivrer leur patrie d'une domination étrangère, attirèrent sur cette terre malheureuse les désastres et les fléaux, suites inévitables des révolutions et de la résistance opiniâtre d'un peuple qui conservait le souvenir de sa gloire et de son indépendance. Au milieu de leurs infortunes, les Égyptiens, gouvernés par des rois qui n'étaient

_____

(1) Diodore de Sicile, liv. I, sect. 11.

pas nés au milieu d'eux, oublièrent peu à peu les
institutions et les coutumes de leurs ancêtres ; dès ce
moment les anciens usages se perdirent, et rien ne
s'opposa plus à la curiosité des étrangers qui abor-
dèrent en Égypte.

C'est alors qu'Hérodote y parut ; il vit dans toute
son abjection ce peuple si renommé pour sa sagesse
et son savoir. Il en prit cependant une haute idée :
les ruines d'un temple magnifique inspirent toujours
le respect et l'admiration.

Dès lors les Grecs se rendirent en foule en Égypte,
pour être instruits dans cette sagesse autrefois si
célèbre. C'est à l'école des prêtres que se formèrent
leurs philosophes, leurs législateurs et leurs sages. On
peut dire cependant que peu de voyageurs de ces
tems pénétrèrent au-delà de Memphis (1). Leur desir
de s'instruire put souffrir de ces obstacles; mais ils ne
donnèrent point eux-mêmes une haute opinion de
leurs connaissances, et les prêtres de Saïs, voyant leur
légèreté et les taxant d'inaptitude à l'étude des sciences
profondes, les regardèrent comme *des enfans* (2); et
cependant ceux des prêtres égyptiens qui vivaient à
cette époque, n'étaient que les échos passifs de leurs
prédécesseurs. Ceux-ci étaient versés dans la connaissance de l'astronomie, de la géométrie, de la mécanique,

(1) Diodore de Sicile, liv. I, sect. 11.
(2) Platon, *in Philœbo.*

de la physique et de la plupart des sciences exactes
et naturelles ; et leurs successeurs , contemporains
d'Hérodote et de Platon, en conservaient à peine les
premiers principes ; ils les transmirent aux Grecs que
l'amour de l'étude et l'ambition de savoir amenèrent
en Égypte avant Alexandre. Ainsi la Grèce recueillit
les débris des sciences de l'Égypte. 〉〈

Plusieurs de ces Grecs, tels qu'Hérodote et Platon,
de retour dans leur patrie, écrivirent ce qu'ils avaient
vu et entendu dire pendant leur voyage en Égypte,
et Hérodote donna une courte description de cette
contrée. C'est dans ses écrits que nous trouvons pour
la première fois des noms de villes égyptiennes traduits en langue grecque. On peut avancer qu'Hérodote
fit le premier de semblables traductions , parce qu'il
est celui dans les écrits duquel on trouve le moins de
ces traductions et le plus de noms égyptiens conservés,
quoique corrompus. Parmi le nombre considérable de
noms de lieux appartenans à l'Égypte, qui sont cités
dans son histoire , cinq seulement ont été traduits en
grec ; ce sont Ερμησπολις , Πηλουσιος , Ηλιουπολις ,
Κροκοδειλωνπολις , Ερμεωπολις , *Hermopolis - Parva* ,
Pelusium, *Heliopolis*, *Crocodilopolis*, *Hermopolis-
Magna*, des Latins. Tous les autres noms sont égyptiens (1). Le nombre de ces mots égyptiens traduits

_____

(1) Deux seulement sont douteux, *Naucratis* et *Anthylla.*

est beaucoup plus considérable dans les auteurs grecs
postérieurs à Hérodote ; ainsi la confusion qui en
naissait alla toujours croissant : Strabon donna les
noms grecs Αφροδίτηςπολις et Πανοσπολις aux deux
villes qu'Hérodote avait désignées par leur nom
égyptien Χεμμις et Αθαρβηχις, corruption de Ⲭⲟⲩⲙ
Chmim, et de Ⲁⲑⲱⲣ ⲃⲁⲕⲓ, Athôr-Baki. Diodore a
suivi la même méthode. Il en est résulté des difficultés
considérables pour retrouver les noms égyptiens, et
ces difficultés s'accroissent à mesure que les Grecs
sont plus répandus en Égypte.

Alexandre, vainqueur des Perses, y conduisit les
Grecs, et sous leur empire disparurent peu à peu les
traces de l'ancien gouvernement et des coutumes égyptiennes. Tout prit une physionomie grecque : le sang
égyptien dégénéra, par son mélange avec celui des
Macédoniens ; cet ancien amour pour les sciences
s'éteignit parmi les naturels; les colléges furent déserts ;
la classe sacerdotale elle-même ne s'occupa plus que
des choses sacrées (1), et négligeant tout-à-fait les
études qui avaient occupé ses devanciers pendant tant
de siècles, elle perdit de vue l'un des buts principaux
de son institution.

Dès que la puissance grecque fut bien établie en
Égypte, il s'y opéra de grands changemens; les Grecs
traduisirent dans leur langue les noms de la plupart des

---

(1) Strabon, liv. XVII.

villes égyptiennes, et on ne les connut bientôt plus parmi eux que sous ces dénominations le plus souvent infidèles.

On doit regarder comme une des causes principales de cette infidélité, les efforts que faisaient les Grecs pour trouver des rapports entre leur religion et celle des autres peuples, et pour en établir entre leurs divinités et celles des nations étrangères. A les en croire, les Babyloniens, les Perses et même les Indiens adoraient Kronos, Zéüs, Athêné, Apollon, Aphrodite (1). Par une suite du même principe, ils cherchèrent leurs dieux dans la religion égyptienne, et crurent les y reconnaître. Ainsi *Athôr* des Égyptiens leur parut être leur Aphrodite, *Amoun* leur Zéüs, *Phtha* leur Héphaïstos (2), *Néith* leur Athêné, *Hôr* (Horus) leur Apollon, *Thôouth* (Thoth) leur Hermès (3) ; enfin, *Isis* et *Osiris* furent pour eux les noms de la lune et du soleil.

Ces observations sont ici de la plus haute importance, parce que c'est d'après ces mêmes principes que les Grecs traduisirent dans leur langue les noms des villes égyptiennes. Quelques-unes d'entr'elles portaient en effet des noms de *divinités* (4) ou d'animaux

---

(1) Saturne, Jupiter, Minerve, Apollon, Vénus des Latins.

(2) Vulcain des Latins.

(3) Mercure des Latins.

(4) Nous prions le lecteur de ne pas prendre ce mot dans un sens trop absolu. Nous l'expliquerons dans la partie de cet ouvrage relative à la religion égyptienne.

sacrés (1), et c'est dans l'influence qu'exerçaient les prêtres sur tout ce qui concernait l'Égypte, où tout se rattachait à la religion, qu'il faut chercher l'origine de cet usage. Mais les Grecs en abusèrent, et cet abus les entraîna dans de graves erreurs.

Ils n'entendaient point la langue égyptienne, parlée et écrite même long-tems après la chute de leur puissance dans cette contrée, et par conséquent ils ne pouvaient orthographier ni traduire exactement les noms des villes de l'Égypte, semblables en cela aux voyageurs européens des derniers siècles qui allèrent parcourir l'Orient sans en connaître les langues, et insérèrent dans leurs relations des noms orientaux qu'il est presque impossible de reconnaître, tant ils sont défigurés. Ainsi, sous le règne de Louis XIV, Paul Lucas fit présenter à ce monarque une carte d'Égypte où l'on trouve les noms monstrueux de *Barbambou* pour Barbandah, *Manfallu* pour Manféloûth, *Échasse* pour Ekhsas, et *Guisse* pour Djizah (2). On peut dire que quelquefois les Grecs ne furent pas plus heureux, quoique en général l'altération des noms égyptiens orthographiés ou traduits en grec ait été moins grande.

Il en résulte néanmoins, qu'étudier l'Égypte par les

(1) Hérodote, liv. II; Strabon, liv. XVII; Diodore de Sicile, liv. I; Plutarque, *d'Isis et d'Osiris.*
(2) Lucas, 1.er Voyage, tom. I, pag. 155.

Grecs seuls, c'est la voir sous le point de vue le moins étendu, et à travers le prisme des préventions si ordinaires aux Grecs dans tout ce qui intéressait leur orgueil national. Ce qu'ils ont dit n'est pourtant point à dédaigner ; mais il est un choix à faire, puisque rarement ils ont parlé de l'Égypte autrement que dans leur langue, par rapport à eux et par rapport à l'époque où ils en étaient les maîtres. Cependant l'Égypte avait compté plusieurs siècles de gloire et de prospérité avant même que Cambyse la soumît à sa domination. C'est à l'époque qui précéda l'invasion de ce prince, à celle où l'Empire égyptien était à son plus haut point de splendeur, que nous nous arrêtons dans cet essai. Nous cherchons à faire connaître les noms égyptiens du royaume, du fleuve, des provinces et des villes d'Égypte.

Tel est le but que nous nous sommes proposé. L'importance de ces recherches n'avait pas échappé à plusieurs savans qui se sont adonnés à l'étude de l'archéologie égyptienne. Mais ces auteurs n'en ont point fait l'objet spécial d'un travail particulier, et n'en ont traité que partiellement dans le cours de leurs ouvrages. Tel fut le jésuite Kircher ; l'Europe savante lui doit en quelque sorte la connaissance de la langue copte, et il mérite, sous ce rapport, d'autant plus d'indulgence pour les erreurs nombreuses qu'il a commises dans ses écrits sur l'Égypte, que les monumens littéraires des Coptes étaient plus rares de son tems. Dans

la nouveauté de cette étude , on devait naturellement
s'attendre qu'un homme qui trop rarement faisait
usage d'une critique sévère, et qui trop souvent sacri-
fiait à l'esprit de système, donnerait souvent de fausses
interprétations, et serait trompé par des apparences.
Tout en respectant ses travaux et en rendant justice
à ses connaissances, on peut lui reprocher, avec fon-
dement, la manie de tout expliquer ; et cette manie a
souvent mis sa bonne foi en défaut, en le forçant à
inventer ce que ses recherches ne pouvaient lui faire
découvrir.

Dans son *Œdipus Ægyptiacus* (1), Kircher a placé
une géographie de l'Égypte ; il a pour but de présenter
les noms coptes ou égyptiens des anciens nomes de ce
royaume et de leur capitale. Ce travail, sans résultats
pour la géographie, renferme toutes les erreurs commises par ses contemporains , dont les connaissances
sur la topographie de l'Égypte étaient pour ainsi dire
nulles. Ainsi il place Thèbes au midi d'Hermonthis ,
de Latopolis et d'Appollinopolis - Magna ; Abydus au
sud de Latopolis ; Coptos au nord-est de Tentyra ;
Oxyrinchus à l'orient du Nil (2). Quant à la basse
Égypte, il y règne le plus grand désordre. Il devait
en être ainsi en raison de la pénurie de notions exactes

(1) Tome I, *Templum Isiacum , syntagma* 1 , *Chorographia
Ægypti.*
(2) Voyez sa carte, *Œdip. Ægypt.,* tom. I, pag. 8.

(13)

qu'éprouvait le père Kircher ; il lui était donc difficile, impossible peut-être de faire connaître les noms égyptiens des villes, puisque d'ailleurs, ayant fondé son travail sur les rapports des Grecs, il n'avait pas assez fait attention que les Coptes avaient donné des listes de noms égyptiens avec leur équivalent en arabe, et que les noms arabes devaient être son guide et le conduire aux noms égyptiens. Outre cela, lorsque Kircher publia sa *Chorographia Ægypti*, il n'avait probablement entre les mains qu'un vocabulaire copte peu étendu, d'où il put à peine extraire les noms égyptiens d'*Alexandrie*, d'*Athribis*, d'*Héliopolis* et de *Coptos*, les seules villes dont Kircher ait présenté le véritable nom égyptien. Quant aux autres noms, son imagination suppléa au manque de matériaux.

C'est ainsi qu'il avança que les anciens Égyptiens donnaient aux préfectures de l'Égypte, appelées Νομος par les Grecs, le nom de Πιτεβιρ, *Pitabir*. Ce mot manque dans le Lexique égyptien de Lacroze ; nous l'avons vainement cherché dans tous les vocabulaires coptes de la Bibliothèque impériale de Paris : il ne se trouve donc que dans la *Scala Magna* de Kircher (1), où il signifie *Prætorium, locus juri dicundo destinatus ; Prétoire, siège d'un tribunal*, et non pas *Province, Préfecture* ou *Nome*. D'ailleurs, tous les manuscrits coptes qui nous restent, rendent toujours

(1) *Scala Magna*, pag. 225, copiée par Rossi, au mot ΤΕβιρ.

le mot grec Νομος par Ⲡⲑⲱϣ ou Ⲡⲑⲟϣ, *Pthôsch*, ou *Pthosch*. Ce mot égyptien dérive de la racine ⲑⲱϣ *Tôsch*, *ordinare*, *statuere*, *discernere*; ainsi on trouve dans les Martyrologes coptes : Ⲙⲉⲧⲛⲟⲩϭⲓ Ⲃⲉⲛ ⲡⲑⲟϣ Ⲡϣⲁϯ, c'est-à-dire, la ville de *Schetpouphi* dans le nome de *Pschati* (1); Ⲡⲓϩⲟⲣⲙⲉⲥⲧⲁⲙⲟⲩⲁ Ⲃⲉⲛ ⲡⲑⲟϣ Ⲧⲁⲙⲓⲁϯ, *Pihormestamoua* dans le nome de *Tamiati* (2); Ⲁⲡⲁ Ⲉⲡⲓⲙⲉ ⲡⲓⲣⲧⲱⲡⲁⲛⲕⲱⲗⲉⲩⲥ Ⲃⲉⲛ ⲡⲑⲟϣ Ⲡⲉⲙϫⲉ, *le père Épime*, *habitant* ou *originaire de Pankôleus dans le nome de Pemsjè* (3). Nous pourrions multiplier ces exemples, mais nous pensons qu'ils suffisent pour prouver que les Égyptiens et les Coptes se servirent du mot Ⲡⲑⲟϣ, *Ptosch*, et non de Ⲡⲓⲧⲁⲃⲓⲣ, *Pitabir*, pour désigner les préfectures de leur pays.

Parmi les noms que Kircher croit que les Égyptiens donnèrent à leurs villes, il en est qui méritent d'être cités à cause de leur composition bizarre et de leur étymologie aussi singulière que contraire au génie de la langue égyptienne. Selon lui, Ⲃⲩⲧⲟⲥⲓ et Ⲃⲟⲩⲃⲁⲥϯ, *Butosi* et *Boubasti*, désignaient parmi les Égyptiens les villes que les Grecs appelèrent *Boutos* et *Bubastis*. Il traduit (4) Ⲃⲩⲧⲟⲥⲓ par *donum bovis*, don

(1) *Mss. copt.*, Bib. imp., n.°61, fonds du Vatican, f.°70, recto.

(2) *Mss. copt.*, Bibl. imp., n.°66, in-f°. On trouve aussi ce nom de lieu orthographié Ⲡⲓϩⲟⲣⲙⲉⲥⲧⲁⲙⲟⲩⲁ.

(3) *Mss. copt.*, Bibl. imp., n.°66, in-f.°, Martyre de St. Épime.

(4) *Œdip. Ægypt.*, *chorograph. Ægypt.*, nomus 11, p. 16 et 17.

du Bœuf, et Boῦβεcϯ, par *elle donna deux Bœufs,* et il suppose que le second ϧ de ce dernier mot était la lettre numérique ϧ mise à la place de cₙₐῦ, *snau,* qui signifie *deux.* Mais en observant que Bῦ et Boῦ ne signifient point *Bœuf* en copte ou en égyptien, et que Kircher les dérive du grec βοῦς, il s'en suit nécessairement que les Égyptiens n'orthographiaient pas ainsi les noms de ces deux villes de la basse Égypte, et que les explications de Kircher sont insoutenables. Le nom de la fameuse Thèbes fut, selon lui, Cῦₐₙ, *Suan* (1), tandis que ce mot est le nom corrompu de la ville de Syène ; dans les travaux de Kircher, *Heracléopolis* est appelée Ὗολοχ, *Moloch* (2), nom d'une idole des Cananéens (3) ; *Appollinopolis* porte celui de Ϣρος (4), *Horos,* avec une terminaison grecque. Il en est ainsi d'un grand nombre d'autres.

En 1643 Kircher publia, sous le titre de *Lingua Ægyptiaca restituta* (5), un ouvrage qui répandit en Europe les premières notions exactes de la langue copte. Il renferme aussi les noms coptes de plusieurs villes de l'Égypte, avec leurs noms correspondans en arabe. Ce travail de Kircher a été sans contredit

(1) *Œdip. Ægypt.,* tom. I, cap. v, pag. 38.
(2) *Id.,* pag. 46.
(3) Lévitique XVIII, 21, et XX, 12; Jérémie XLIX, 1, etc.
(4) *Id.,* pag. 47.
(5) Romæ, 1643, in-4°.

très-utile. Veyssière-Lacroze a inséré ces noms dans
son Dictionnaire égyptien, que Scholtz et Woide
publièrent en 1775 (1). Lacroze, qui n'avait pas une
grande opinion des connaissances de Kircher dans la
langue copte (2), les rapporte tels qu'il les a trouvés
dans l'ouvrage du Jésuite allemand. Ce dernier ne
s'attacha point à donner le nom grec de la ville dont
il produisait le nom copte, et s'il l'a fait quelquefois,
il a commis plus d'une erreur.

Le célèbre philologue Paul - Ernest Jablonski,
élève de Lacroze, a aussi cherché l'explication de
plusieurs noms égyptiens de villes dans la langue
copte (3). Dans un ouvrage publié en 1699, le père
Bonjour (4), religieux Augustin de Toulouse, indiqua
quelques noms égyptiens de villes, déjà cités par
Kircher.

(1) *Oxoniæ, e Typographæo Clarendoniano*, 1775, in-4°.

(2) On lit dans la préface de son dictionnaire le jugement suivant
sur cet ouvrage de Kircher : « *Tentata est sanè hœc lingua à
pluribus eruditis, sed ut plurimùm frustrà : nec ulli eorum
conatus sui deterius cessere quàm Athanasio Kirchero, qui in hoc
studiorum genere nihil omnino vidit. Itaque Scala ejus, quam
vocat copticam, et si eam, ut pote è manuscripto derivatam,
negligendam non censui, parcè admodùm usus sum. Tot enim
ejus errata in singulis ferè quibusque paginis deprehendi, ut
fidem ei nullo loco temere habendam esse censeo.* Extrait du
Mss. de Lacroze, conservé à la Bibliothèque impériale de France.

(3) *Pantheon Ægyptiorum*, et *Opuscula*, passim.

(4) *Exercitatio in monumenta coptica seu ægyptiaca biblio-
thecæ vaticanæ.* Romæ, 1699, in-4.°

Kircher. Cet opuscule est plein de critique et d'une
saine érudition.

Le père Georgi, dans la neuvième section de sa
Préface des Miracles de Saint Coluthus (1), présente la
liste des noms coptes de villes qu'il a rencontrés dans
la traduction de ce fragment écrit en dialecte thébain,
et dans plusieurs autres manuscrits du Vatican ; mais
il n'a donné que l'équivalent grec de quelques noms
égyptiens déjà connus. Nous aurons occasion d'en
parler plus au long dans le cours de nos recherches.

Un savant estimable, dont les Lettres regrettent
la perte récente, le danois Georges Zoëga, dans son
excellent ouvrage *de Origine et usu Obeliscorum* (2),
a disserté très au long sur les monolythes de plusieurs
anciennes villes de l'Égypte, et les noms égyptiens
de deux d'entr'elles. Nous reviendrons sur cette partie
de l'ouvrage de Zoëga, lorsque nous nous occuperons
des deux villes qu'il indique.

Pendant que les Français étaient les maîtres de
l'Égypte, on imprima au Kaire un journal littéraire
dans lequel tout ce qui concernait cette contrée, sa
topographie, ses antiquités, sa législation et son économie politique était publié périodiquement. C'est
dans ce journal, intitulé *Décade Égyptienne* (3), que

(1) *De Miraculis Sancti Coluthi.* Romæ, 1793, in-4.°, p. CXC.
(2) Romæ, 1797, in-f.°
(3) *La Décade Égyptienne, journal littéraire et d'économie
politique. Au Kaire*, de l'Imprimerie Nationale, ann. VII et VIII.

2

M. Marcel, l'un des directeurs actuels de l'imprimerie Impériale, et alors directeur de celle du Kaire, inséra des extraits de l'ouvrage du géographe arabe *Abd-Arraschid-al-Bakoui*. Ces extraits, épars dans les trois volumes qui composent cette précieuse et rare collection (1), présentent aussi quelquefois, outre le nom arabe des villes de l'Égypte, le nom copte de ces mêmes villes, tiré probablement de quelque vocabulaire copte et arabe manuscrit ; mais l'auteur n'y discute pas les rapports que ces noms coptes peuvent avoir avec les anciens noms égyptiens et grecs.

M. Ignace Rossi a répandu quelques notes sur ce sujet dans son ouvrage intitulé *Etymologiæ Ægyptiacæ* (2), par lequel ce savant italien s'efforce de prouver que les mots coptes ne sont que des mots arabes corrompus ; il en cite un assez grand nombre dont il croit avoir trouvé la racine dans les idiomes orientaux, tels que l'Arabe, le Syriaque, le Chaldéen, le Samaritain et l'Éthiopien. Dans ses recherches étymologiques, M. Rossi émet son opinion sur les noms égyptiens de plusieurs dieux et de plusieurs villes.

Mais les travaux de ces auteurs ne suffisent point pour faire connaître l'Égypte avant l'invasion de

(1) Le premier se trouve vol. I.er, page 248 ; le second, même volume, page 276 ; le troisième, vol. III, page 145.

(2) *Ignatii Rossii Etymologiæ Ægyptiacæ.* Romæ, 1808, in-4°.

Cambyse (1), puisqu'ils n'ont point indiqué les noms grecs correspondans aux noms véritablement égyptiens qu'ils avaient rencontrés dans les livres coptes. Aucun d'eux n'a eu le dessein de réunir les noms indigènes, grecs, latins et arabes, de les comparer, d'en démontrer les rapports ou les différences.

L'exécution d'un semblable ouvrage offrait de grandes difficultés. L'intérêt qu'il présente nous a paru plus grand encore, et nous nous sommes livrés aux recherches qui pouvaient nous donner les moyens de l'entreprendre avec quelque succès. Les matériaux que nous avons recueillis sont peu nombreux sans doute, mais tous sont authentiques, et ils nous ont paru être du plus grand prix.

En effet la langue copte, qui est la langue de l'ancienne Égypte écrite avec les caractères de l'alphabet grec, existe dans de nombreux manuscrits. Presque tous, il est vrai, contiennent les liturgies ou les martyrologes des Chrétiens jacobites; mais on connaît aussi des versions coptes de l'ancien et du nouveau

---

(1) Dans le mois de septembre dernier, M. Akerblad, ancien secrétaire des Commandemens de S. M. le Roi de Suède, a adressé à la 3.ᵉ Classe de l'Institut de France un *Mémoire sur le nom copte de quelques villes et villages de l'Égypte*. La connaissance de ce Mémoire nous eût été sans doute très-utile, mais l'auteur ne l'a pas encore publié.

Testament (1), des grammaires coptes en arabe (2),
et des vocabulaires coptes et arabes (3).

Quelques savans, et entre autres Vossius et le père
Hardouin, ont nié l'identité du copte et de l'ancien
égyptien ; mais lorsqu'ils émirent cette opinion,
l'Égypte n'était point connue comme elle l'est de nos
jours ; ses monumens littéraires étaient alors peu
nombreux en Europe, ils n'avaient point été étudiés
et comparés avec autant de soin qu'ils l'ont été depuis.
Il en est résulté cette conviction, que la langue copte
est la langue des anciens Égyptiens.

Les monumens et les auteurs témoignent également
qu'elle se conserva en Égypte sous la domination des
Perses, des Grecs, des Romains, des Arabes, des
sulthans Mamlouks, des Turcs, et jusques dans le

---

(1) La version copte du Nouveau Testament a été publiée par
David Wilkins, sous ce titre : ϮⲆⲓⲀⲐⲎⲔⲎ ⲘⲂⲉⲣⲓ Ϩⲉⲛ
ϮⲀⲤⲡⲓ ⲚϮⲉ Ⲛⲓⲣⲉⲙ ⲬⲎⲙⲓ; *Hoc est : Novum Testamentum*
Ægyptium vulgo copticum, ex Mss. Bodlejanis descripsit, cum
Vaticanis et Parisiensibus contulit, et in latinum sermonem
convertit David Wilkins, *ecclesiæ anglicanæ presbyter. Oxonii,*
e theatro Sheldoniano, typis et sumptibus Academiæ, 1716, in-4°.

(2) Mss. copt., Bibl. Imp., n.° 44, depuis le feuillet 23 versò,
jusques au feuillet 30 versò; etc.

(3) Mss. copt., Bibl. Imp., fonds de Saint-Germain, suppl.,
n.° 17; *Id.* Saint-Germain, n.° 500; Bibl. Imp., n.°⁵ 44, 48, etc.

XVI.ᵉ siècle , tems où elle était encore parlée dans les parties les plus reculées de la haute Égypte.

M. Étienne Quatremère (1) a prouvé, d'une manière péremptoire, que la langue égyptienne s'était conservée en Égypte jusqu'au VIII.ᵉ siècle environ après la conquête de ce pays par *Amrou-ben-Alâs*, c'est-à-dire jusqu'au XV.ᵉ siècle de l'ère vulgaire , et il reste bien démontré maintenant que *la langue copte* est cette même *langue égyptienne*.

Tous ceux qui connaissent le copte et qui se sont occupés de l'étude de cette langue , sont intimement convaincus de son identité avec la langue des anciens habitans de Thèbes et de Memphis. La plus grande partie des mots que les anciens écrivains grecs ont consignés dans leurs écrits comme étant propres à la langue égyptienne , se retrouvent dans la langue copte avec la même signification (2).

Sans rappeler ici les raisons solides et les preuves irréfragables apportées en preuve de cette opinion par mon illustre maître M. Silvestre de Sacy , dans la

____

(1) Voyez l'utile ouvrage de M. Quatremère, intitulé : *Recherches sur la langue et la littérature de l'Égypte*. Paris, 1808, in-8.º, page 4 et suivantes.

(2) Dans nos recherches sur l'histoire de l'Égypte , nous ferons voir que les noms de la plus grande partie des Rois du canon chronologique de Manéthon , trouvent leur interprétation dans la langue copte ou égyptienne.

Notice qu'il a faite de l'ouvrage précité de M. Quatre=
mère (1), nous invoquerons seulement le témoignage
de l'inscription de Rosette. Ce monument intéressant
est un décret des prêtres de l'Égypte , qui décerne de
grands honneurs au jeune roi Ptolémée Épiphane.
Ce décret est écrit en hiéroglyphes, en langue et en
écriture alphabétique égyptiennes, et en grec.

M. Silvestre de Sacy a publié le premier (2), sur le
texte égyptien de cette inscription, une *lettre* qui sera
très-utile à ceux qui voudront étudier ce monument.
M. Akerblad que nous avons déjà cité , et qui s'est
occupé de la langue copte avec beaucoup de succès,
essaya de lire et d'interpréter le texte égyptien de
cette inscription par la langue copte. En 1802 , il fit
part au public du résultat de son travail , dans une
lettre adressée à M. Silvestre de Sacy (3). Les mots

---

(1) Notice de l'ouvrage intitulé : *Recherches critiques et histo-*
riques sur la langue et la littérature de l'Égypte, par Etienne
Quatremère, insérée dans le Magasin Encyclopédique, et tirée à
part. Paris, Sajou, 1808, in-8.º

(2) *Lettre au citoyen Chaptal, Ministre de l'Intérieur, au*
sujet de l'Inscription égyptienne de Rosette. Paris, de l'imprimerie de la République, an X, 1802, in-8º.

(3) *Lettre sur l'Inscription égyptienne de Rosette, adressée*
au citoyen Silvestre de Sacy, professeur de langue Arabe à
l'École spéciale des langues Orientales vivantes, etc., etc. Paris,
de l'imprimerie de la République, an X, 1802, in-8º.

ⲬⲎⲙⲓ, *Chémi*, Égypte ; Ⲫⲟⲩⲣⲟ, *Phouro*, Roi ;
ⲛⲓⲉⲣⲫⲏⲟⲩⲓ, *Nierphéoui*, Temples ; Ⲟⲩⲏⲃ, *Ouéb*,
Prêtre, qu'il trouva dans le texte égyptien ; ceux de
Ⲧⲟⲩⲏⲃ, *Touéb*, Prêtresse ; ⲏⲡ, *ép*, tribut ; ⲙⲉⲥ,
mes, engendrer ; ⲛⲛⲟⲩϯ, *annouti*, divin, que nous y
avons lus ensuite (1), étant des mots purement coptes,
et plusieurs phrases que nous y avons analysées, étant
entièrement et rigoureusement conformes à la grammaire copte, il est bien évident que ce dernier idiome
est l'ancienne langue des Égyptiens. D'ailleurs la
grammaire de cette langue, vraiment philosophique et
unique dans ses règles, porte l'empreinte d'une antiquité très-reculée ; elle est le type admirable de la
perfection que peut acquérir le mécanisme du langage.

Si elle ne devait nous conduire qu'à la connaissance
des liturgies et des martyrologes, qui sont presque les
seuls ouvrages écrits en copte, l'étude de cette langue
ne serait pour nous que d'un bien faible intérêt ; mais
lorsque l'on considère que ce n'est que par elle qu'on
peut parvenir à la lecture des manuscrits égyptiens que

---

(3) Ce n'est pas ici le lieu de rendre compte du résultat de l'étude
suivie que nous avons faite du texte égyptien de l'Inscription de
Rosette, et de l'alphabet que nous avons adopté. Nous nous
occuperons de cet important sujet dans la suite de cet ouvrage. En
attendant, nous prions le lecteur de regarder comme exacts les
résultats que nous lui présentons ici.

possèdent divers cabinets de l'Europe, que peut-être elle peut nous conduire à l'interprétation des Hiéro-glyphes avec lesquels elle dut avoir quelque rapport(1), et qu'enfin la connaissance de la religion, des sym-boles et des mystères des Égyptiens en dépend pour ainsi dire, cette langue se présentant dès-lors avec tous ces avantages, ouvre en quelque sorte une carrière nouvelle, et se place à la tête des langues savantes.

C'est en l'étudiant et en lisant ses monumens écrits, que nous avons eu l'idée de faire connaître l'Égypte par les Égyptiens eux-mêmes, et c'est dans les écrits des Coptes que nous avons recueilli les noms de la plupart des anciennes villes de cette intéressante contrée. Ces noms diffèrent essentiellement de ceux que les Grecs donnèrent à ces villes. Nous avons déjà fait connaître les causes de cette différence ; les réflexions suivantes vont prouver que les noms consi-gnés dans les livres des Coptes furent les véritables noms égyptiens.

Dans tous les tems, les Orientaux ont été regardés comme les peuples qui conservaient le mieux les noms et les coutumes, et beaucoup de villes anciennes de l'Orient sont encore connues sous les dénominations qu'elles reçurent dès les tems les plus éloignés. Quoi-que soumises plusieurs fois à des peuples étrangers,

(1) Ceci n'est point un paradoxe.

leur langue n'ayant point changé, ces nations n'al-
térèrent pas ces dénominations locales. Iamblique,
dans son Traité des Mystères, assure que les peuples
asiatiques persévéraient dans leurs usages, que leurs
mœurs ne changeaient point, et que les noms de
lieux ou autres qu'ils avaient adoptés restaient constamment les mêmes (1). Les Grecs au contraire,
dit-il, amis de la nouveauté, ne faisaient qu'effleurer
les choses sans rien approfondir ; méprisant les autres
peuples, ils altéraient tout ce qu'ils en empruntaient,
et le présentaient sous une forme nouvelle (2).

Cette opinion est confirmée par les faits, et plus
particulièrement en Égypte qu'ailleurs.

Sous la domination des Perses, des Grecs et des
Romains, les faibles restes de la nation égyptienne
conservaient aux villes de leur pays les noms que
leur avaient donnés leurs ancêtres. Les dénominations
grecques furent seulement en usage chez les Grecs
établis en Égypte, et chez ceux qui habitaient l'Europe.

---

(1) βαρβαροι δε μονιμοι τοις ηθεσιν οντες, και τοις λογοις
βεβαιως τοις αυτοις εμμενωσι. Iamblich. de Myster., sect. VII,
cap. v, pag. 155 et 156.

(2) Φυσει γαρ Ελληνες εισι νεωτεροποιοι, και ατλοντες φερον-
ται πενταχη· ουδεν εχοντες εμμα εν εαυτοις, ουδε οπερ αν
δεξωνται παρα τινων διαφυλαττοντες· αλλα και τωτο οξεως
αφεντες, παντα κατα την αςατον ευρεσιλογιαν μεταπλαττωσι.
Id., cap. V, pag. 155.

Les Romains les adoptèrent ensuite, et comme l'on
n'a étudié jusqu'ici l'Égypte que par ces mêmes
Grecs et par ces mêmes Romains, les noms que les
Indigènes donnaient à leurs villes n'ont pu parvenir
jusqu'à nous. Mais lorsque sous le khalifat d'Omar
fils de Khatthab, Amrou-ben-Alâs se rendit maître
de l'Égypte, la vingtième année de l'hégire (1), les
Arabes n'ayant eu que très-peu de rapports avec les
Grecs et les Romains, ils laissèrent aux villes les noms
égyptiens que les Coptes leur avaient conservés. Ce
fut l'analogie de leur prononciation avec celle des
Égyptiens qui les leur fit adopter de préférence ;
par la même raison, les Romains avaient conservé
les dénominations grecques. Outre cela, les Coptes
ou les Chrétiens jacobites haïssant les Grecs leurs
maîtres, et professant une doctrine différente de celle
des Grecs qui étaient melkites, ils facilitèrent beaucoup aux Arabes la conquête de l'Égypte. Amrou
reconnaissant, et plus guerrier qu'administrateur,
confia aux Coptes le soin de lever les tributs et les
impôts qu'il répartit sur toutes les villes de l'Égypte.
Les rôles étant faits par des Coptes (2), ils y em-
ployèrent les noms égyptiens, et les Arabes les adoptèrent en leur faisant subir cependant quelques légères

(1) Vers l'an 640 de l'ère vulgaire.
(2) Les Coptes remplissent encore ces fonctions en Égypte.

modifications. Ceci explique pourquoi les noms arabes des villes et des villages de l'Égypte ressemblent aux noms égyptiens ou coptes, et diffèrent entièrement des noms grecs et latins.

En citant ici les noms coptes, c'est donc les vrais noms égyptiens que nous ferons connaître. Les sources où nous les avons puisés sont authentiques, puisque ce n'est qu'en compulsant les manuscrits coptes de la Bibliothèque impériale, que nous sommes parvenus à recueillir les noms égyptiens de la plus grande partie des villes mentionnées dans Hérodote, Strabon, Diodore de Sicile, Pomponius-Mela et Ptolémée.

Les manuscrits que nous avons consultés pour la géographie égyptienne sont en assez grand nombre (1). Nous citerons principalement un vocabulaire copte en dialecte memphitique, provenant de la bibliothèque de Saint-Germain (2), qui contient (3) une liste très-considérable de noms de villes égytiennes avec le nom arabe actuel. Les noms égyptiens des villes ne sont point rangés alphabétiquement; mais par une heureuse

---

(1) Voici les principaux d'entr'eux : n.° 61, fonds du Vatican, Martyre de Saint Apa-Ari; n.° 62, Martyre de Pierre, archevêque de Rakoti; n.° 64, *Hist. Lausiaca;* n.° 66, in-f.°; n.° 68, fonds du Vatican; n.° 500, fonds de St.-Germain; n.° 46, Mss. Thébain, etc.

(2) Supplément, n.° 17.

(3) F.° ⲡϥⲃ, verso, et ⲡϥⲅ, etc.

précaution du copiste ou de l'auteur, ces noms se trouvent classés selon la situation géographique des villes de l'Egypte sur les rives du Nil. Cette nomenclature commence à Ϯⲣⲁϣⲓⲧⲧⲉ, *Ti Raschitté*, Raschid ou Rosette, et se termine à Ⲥⲟⲩⲁⲛ, *Souan*, Syène (1).

Un second manuscrit, en dialecte thébain (2), plus intéressant encore que le précédent, quoique moins riche en notions géographiques, offre la même disposition quant à la classification des noms de villes et de provinces, avec cette différence que ces noms sont classés dans un ordre inverse. Le premier est Ⲡⲕⲁϩⲛⲛⲥⲟⲟϣ, *Pkahannsoosch*, nom égyptien de l'Éthiopie; le second est Ⲧⲁⲛⲟⲩⲃⲁⲧⲓⲁ, *Tanoubatia*, la Nubie; ensuite est le nom de Syène. Cette liste est terminée par celui d'Alexandrie.

Le grand intérêt qu'offre ce manuscrit, consiste en ce qu'on y trouve le nom grec écrit en caractères coptes, le nom égyptien et le nom arabe de presque toutes les villes qui y sont citées (3); mais ces noms grecs sont défigurés. Le tableau suivant, où nous avons rétabli les mots grecs, le prouvera.

On ne doit point s'étonner de la manière dont ces noms de villes furent altérés par le Copte qui écrivit ce

---

(1) Voyez l'Appendix n.º 1.
(2) N.º 44, ancien fonds, f.º 79 versò et 80 rectò.
(3) Voyez l'Appendix n.º 2.

volume : la source où il les puisa pouvait ne pas être
pure ni exempte de vices d'orthographe ; car les mots
grecs qui se sont introduits en grand nombre dans
l'idiome des Coptes, sont assez exactement écrits (1).
Rarement ils sont défigurés de manière qu'on ne
puisse point les reconnaître ; mais le tableau que nous
présentons ici ne contenant que des noms propres de
villes, ils doivent nécessairement être plus altérés.

Nom Grec du manuscrit.	Nom Grec rétabli.	Nom Égyp. ou Copte.	Nom Arabe.
CЄNON	Συενη.	COYⲆN ..	Asouan.
ⲖⲆⲦON	Λαʈοπολις.....	CHH	Asna.
ⲀⲣⲙONꟾKH ..	Ερμονθις.	ⲀⲣⲙONⲐ	Arment.
TꟾOCⲠOⲖꟾC ..	Διοςπολις.....	ⲀNO	Madinat Hou.
ⲠⲆNOC	Πανωνπολις...	ⲰⲏⲘ ..	Akhmim.
ⲖⲈⲄOY	Λυκωνπολις...	CꟾOOYⲐ..	Osiouth.
ΘⲈⲨⲆOCꟾOY ..	Θεωδοσιⱬπολις.	TOYⲋO .	Tahha.
ⲌⲈⲣꟾⲬOY	Οξυρυγχος. ...	ⲠⲈⲨⲬⲈ..	Albahnasa.
ⲋⲣOKⲈⲖⲈOY ..	Ηρακλεωπολις.	ⲋꟾⲏC ...	Ahnas.
ⲀⲣCⲈNⲰꟾⲈ....	Αρσινοη.	ⲠꟾOⲨ...	Fayyoum.
KYⲠⲦON	Αιλυπʈος.....	ⲨⲈⲨⲂⲈ. .	Masr ou Misr.
ⲀⲖⲈⳌⲆNⲆⲣꟾⲋ.	Αλεξανδρεια. ..	PⲆKOYⲈ.	Iskandériah.

---

(1) C'est dans les textes égyptiens en dialecte thébain qu'on
trouve le plus de mots grecs.

Le Copte qui a écrit cette nomenclature curieuse,
n'a mis très-souvent que le commencement du
nom grec, comme par exemple, λεγȣ, au lieu de
Λυκωνπολις, Πανος pour Πανωνπολις. Cet usage avait
pris naissance chez les Romains et les Grecs du bas
Empire qui, dans leurs itinéraires, n'ont donné qu'une
portion du nom des villes. Ainsi, l'on y trouve Lyco,
Laton, Panos, Héracléo, à la place de Lycopolis,
Latopolis, Panopolis, Héracléopolis. Les anciens
Égyptiens eurent aussi cet usage. L'on remarque, par
exemple, ϨΟΥ, *Hou,* et ⲀΝΟ, *Ano* en dialecte thébain,
pour ϮΒⲀⲔⲒⲚϨΟΥ, *Tibaki-an-Hou,* ⲦΒⲀⲔⲒⲈΝΟ,
la ville de Hou, la Διοσπολις des Grecs, qui dans
notre manuscrit se trouve orthographié Τιοσπολις.

Un des avantages propres au tableau que nous
venons de présenter, c'est de fixer irrévocablement la
situation des villes qui y sont comprises et dont l'em-
placement était incertain, ou n'était pas démontré
d'une manière incontestable. Ces renseignemens sont
d'autant plus précieux qu'ils sont plus sûrs.

Outre les manuscrits coptes de la Bibliothèque impériale, nous avons eu le soin de compulser ceux de
la bibliothèque du chevalier Nani de Venise, publiés
par le père Jean Mingarelli (1). Ces fragmens, écrits

(1) *Ægyptiorum Codicum reliquiæ Venetiis in bibliothecâ
Naniana asservatæ,* Bononiæ, 1785, in-4.°

en dialecte thébain, sont tous relatifs à la religion, et
contiennent des vies de Saints, des parties des Évan-
giles, et des exhortations chrétiennes. Les Miracles de
Saint Coluthus et le Martyre de l'abbé Panesniv (1),
nous ont fourni quelques indications. Ces fragmens
en dialecte thébain existaient dans la riche collection
de manuscrits égyptiens qu'avait formée dans son
musée de Velletri le célèbre et respectable cardinal
Étienne Borgia, un des plus zélés protecteurs de la
littérature et de l'archéologie égyptiennes. Ce fut le
père Georgi, augustin, qui les publia, comme nous
l'avons déjà dit, en 1793.

Tels sont les principaux écrits égyptiens dans lesquels nous avons été à portée de puiser les précieux
matériaux que nous cherchons à mettre en œuvre
dans cet ouvrage. Leur authenticité est incontestable,
puisqu'ils nous ont été fournis par des descendans des
Égyptiens, qui parlaient leur ancienne langue et qui
rédigèrent leurs écrits en Égypte même.

On observera sans doute que les noms égyptiens
des villes, que nous avons extraits des manuscrits
coptes, ressemblent rarement à ceux que les Grecs
leur ont donnés, et que la traduction qu'ils en ont
faite, constamment infidèle, ne repose presque jamais
sur aucune base solide, et n'est motivée par aucune

_____

(1) Publiés par le père Georgi déjà cité.

circonstance locale. Nous avons déjà dit que les Grecs
cherchèrent à retrouver leurs dieux dans le culte religieux des Égyptiens, et que leurs préventions et leur
orgueil national leur persuadèrent qu'ils les y avaient
trouvés : ils n'avaient aucune notion de la langue
égyptienne ; les noms des villes de l'Égypte leur
paraissant barbares, extraordinaires et trop durs pour
leurs oreilles habituées aux sons euphoniques d'une
langue mélodieuse, ils voulurent donner à ces villes
des noms plus conformes à leur idiome et à leurs
idées ; et recherchant avec soin quelle était la prin-
cipale divinité qu'adorait chaque ville de l'Égypte, ils
donnèrent à chacune de ces villes le nom de la divinité
grecque qu'ils croyaient correspondre à celui du dieu
égyptien dont le culte y était établi. Il en résulta ce
fait bien remarquable, que deux villes qui, parmi les
Grecs, portaient un nom semblable, en avaient un
bien différent chez les Égyptiens. Ainsi Ἑρμηςπολις de
la basse Egypte était connu, parmi les naturels, sous
le nom de Π-τιμεn̄ϩωр, *Ptimenhôr;* et Ϣмoϒn̄,
Schmoun, était celui de la grande Ἑρμηςπολις de
l'Heptanomide. Les trois Αφδοδιθηςπολις des Grecs
furent dans le même cas. Celle du delta s'appelait
Ⲁⲑⲱⲣⲃⲁⲕⲓ, *Athor-Baki*, celle de l'Heptanomide
Τⲡⲏϩ, *Tpih*, et la troisième, située dans la Thébaïde,
était appelée *Asphoun*. Sans multiplier les preuves de
ce

ce que nous venons d'avancer, il nous suffira de faire remarquer que les noms grecs Λεωντοςπολις, Πηλυσιος, Ηλιυπολις, sont les seuls qui rendent exactement la signification du vrai nom égyptien de ces trois villes célèbres.

Quant à ceux qu'ils n'ont point tenté de traduire et qu'ils ont voulu orthographier comme ils les entendaient prononcer, ils n'ont pu éviter de les défigurer et de les corrompre.

La différence de prononciation est une des grandes causes de l'altération de presque tous les noms étrangers que les Grecs ont conservés dans leurs écrits. Leur alphabet, très - borné par rapport à celui des nations orientales, n'avait point de signes propres à exprimer toutes les inflexions de la langue des Égyptiens (1). Plusieurs lettres de l'alphabet de ces derniers étant étrangères aux Grecs, ceux - ci se virent dans la nécessité de leur en substituer d'autres qui leur étaient propres, et qui rendaient à-peu-près le même son. L'aspiration égyptienne ⳍ, *h*, appelée ⳍoⲡⲓ, *Hori*, par les Coptes, leur était inconnue. Le ⳪, *genga* égyptien, qui tient le milieu entre un S doux et notre J français, ne pouvait se rendre par aucun des caractères de l'alphabet des Grecs; ils y substituèrent tantôt un T, tantôt un Σ, comme on le

(1) Aristides orat. *Ægyptiaca*, tome II, page 36o.

3

voit par les noms de Ⳉⲉ ⲙⲛⲟⲩϯ, *Sjemnouti* (où l'on doit remarquer le ⲙ, *m*, changé en *b* par les Grecs), et de Ⳉⲁⲛⲓ, *Sjani*, orthographiés par les Grecs Σεβεννυτος et Τανις.

Quelques autres lettres, particulières à l'alphabet égyptien, n'ont pu être exprimées par les Grecs ; tel est le ϣ, *Schei*, *Ch* français, auquel ils ont substitué leur χ, *Chi* (1), comme dans Ϣⲙⲓⲛ, *Schmin*, qu'ils ont écrit Χεμμις. Nous citerons encore un passage de Plutarque qui, dans son Traité d'Isis et d'Osiris, nous fournit un second exemple du χ grec, mis à la place du ϣⲉⲓ, *Schei* des Égyptiens. « Les Grecs, dit cet auteur, consacrent le lierre à Dionysos (2) ; cette plante s'appelle dans la langue des Égyptiens Χηνοσειρις, ce qui, selon eux, signifie *Plante d'Osiris*. » On reconnaît en effet dans le mot grec orthographié Χηνοσειρις, le mot égyptien Ϣϣⲏⲛ, *Schên*, *plante* (3), qui, réuni au nom d'Osiris, Ⲟⲩⲥⲓⲣⲓ, donnait Ϣϣⲏⲛⲟⲩⲥⲓⲣⲓ, *Schênousiri*, ou

---

(1) Les Grecs modernes prononcent le χ comme le *ch* allemand dans les mots ACHTUNG, *respect;* STOECHEN, *piquer, percer :* s'il en était ainsi chez les anciens Grecs, la différence entre le nom grec et le nom égyptien ne serait pas très-grande.

(2) Bacchus des Latins.

(3) Ce mot se trouve employé avec cette signification dans la version copte de la Genèse, XXII, 13, et ailleurs.

plus régulièrement ⳡⲁⲏⲛⲛⲟⲩⲟⲥⲣⲥ, *Schénnousiri*, avec l'article indicatif du génitif, *Plante d'Osiris*.

Quant aux lettres égyptiennes ⳉ, *Khei*, et ϥ, *Fei*, elles se trouvent rarement employées dans les noms égyptiens des villes. Nous observerons seulement qu'à la place du ϥⲉⲥ, *Fei*, égyptien, les Grecs se servirent de leur Φ *Phi*, comme dans Μεμϕις, en égyptien Ⲩⲉϥⲥ, *Méfi*, et dans Ονεϕις, en égyptien Ⲡⲁⲛⲟⲩϥ, *Panouf*. L'articulation du ⳉⲉⲥ manquait à leur alphabet.

Les articles égyptiens ⲡ, ⲫ et ϯ furent orthographiés par les Grecs de diverses manières. Ils rendaient très-bien par leur Φ le ⲫ égyptien, mais il n'en était point de même de ⲡ ou ⲡⲥ : tantot ils l'ont exactement exprimé par leur Π, tantot ils l'ont corrompu en y substituant Β ou Βε, comme dans Βουβαϛις, la Ⲡⲥⲃⲉⲥϯ, *Pibasti*, des Égyptiens; enfin au ϯ, *ti*, ils ont très-souvent substitué leur Τ ou leur Θ, soit qu'il se trouve au commencement d'un mot comme article, soit au milieu ou à la fin comme simple lettre ou comme abréviation ; car il ne nous paraît pas encore décidé si ϯ n'est pas une véritable lettre égyptienne, ou bien si, comme le *lam-alif* des Arabes, ce n'est que la réunion de deux signes alphabétique, ainsi que l'assurent quelques grammairiens.

Parmi les Égyptiens, les articles employés sous une

forme particulière tenaient lieu du mot πολις , qui se
trouve toujours à la fin des noms grecs des villes de
l'Égypte. Ainsi le nom égyptien de la Λεωνlοςπολις des
Grecs, *la ville du Lion*, était le mot ⲙⲟⲩⲓ, *moui*, Lion ,
précédé de l'article féminin ⲧ ou ⲑ , qui indiquait
que Ⲑⲙⲟⲩⲓ se disait pour Ⲑⲃⲁⲕⲓ ⲛⲙⲟⲩⲓ, *Thbaki
anmoui*, *la ville du Lion*. Il se pourrait aussi que
le ⲑ fût mis au commencement du mot , à la place
de ⲑⲁ, espèce de pronom qui quelquefois indique
la possession ; (1) ainsi Ⲑⲁⲙⲟⲩⲓ, *Thamoui*, ou en
abrégé , Ⲑⲙⲟⲩⲓ, aurait signifié *celle qui appartient
au Lion* , Ⲃⲁⲕⲓ , *Baki* , ville , étant toujours sous-
entendu. Ce qui rend cette explication assez plausible,
c'est qu'on trouve en Égypte deux villes appelées
Ⲡⲁⲛⲟⲩϥ, *Panouf*; et dans ce mot, ⲡⲁ, qui est mas-
culin, semble indiquer que ⲙⲁ, *ma*, ou ⲕⲁϩⲓ, *kahi*,

_____

(1) Dans l'évangile de Saint Mathieu, ch. I, vers. 6, on trouve
un exemple de Ⲑⲁ, employé dans le sens que nous lui donnons :
ⲓⲉⲥⲥⲉ ⲇⲉ ⲁϥϫⲫⲉ ⲇⲁⲩⲓⲇ ⲡⲟⲩⲣⲟ, ⲇⲁⲩⲓⲇ ⲇⲉ
ⲁϥϫⲫⲉ ⲥⲟⲗⲟⲙⲟⲛ ⲉⲃⲟⲗϧⲉⲛ ⲑⲟⲩⲣⲓⲁⲥ ; Jessè
engendra le roi David , et David engendra Salomon, ⲉⲃⲟⲗϧⲉⲛ
ⲑⲟⲩⲣⲓⲁⲥ , *de celle qui appartenait à Uri*, sous-entendu
ⲥϩⲓⲙⲓ, *femme* , de la femme d'Uri.

lieu, est sous-entendu, et qu'on disait Пⲁⲛⲟⲩϥ (1),
Panouf, *celui da Bon*, au lieu de Пⲓⲙⲁⲛⲛⲟⲩϥⲓ,
Pimannoufi, *locus Boni*, *le lieu du Bon*, ou bien
simplement Uⲁⲛⲟⲩϥⲓ, *Manoufi*, *lieu du Bon* ou *lieu
bon*. Le nom de Manouf, que porte encore une de
ces deux villes que nous trouvons appelées *Panouf*
dans les vocabulaires coptes, nous autorise à croire
que les anciens Égyptiens l'appelèrent indifféremment
Пⲁⲛⲟⲩϥ, *Panouf*, ou bien Uⲁⲛⲛⲟⲩϥⲓ, *Mannoufi*,
mots qui ont la même signification.

Si les Grecs ont altéré les noms égyptiens, parce
que leur alphabet n'était pas assez nombreux pour
rendre tous les sons de la langue égyptienne, il n'en
a point été ainsi des Arabes.

Ce peuple, voisin de l'Égypte, eut avec elle, dès les
tems les plus reculés, des relations commerciales, et
fut tantôt son allié, tantôt un de ses ennemis les plus
redoutables. Les rapports intimes qui existèrent entre
les Égyptiens et les Arabes, firent que plusieurs mots
leur furent communs ; et c'est de ces mots propres

---

(1) C'est ainsi qu'est formé Пⲁⲧϣⲉⲗⲉⲧ, *époux*, ϯϣⲉⲗⲉⲧ
ou ⲧϣⲉⲗⲉⲧ signifie *épouse;* par conséquent Пⲁ, *celui qui
appartient à*, placé devant ⲧϣⲉⲗⲉⲧ, formera Пⲁⲧϣⲉⲗⲉⲧ,
celui qui appartient à l'épouse, c'est-à-dire l'époux. Nous citerons
encore ⲫⲁⲕⲁϯ, *intellectuel*, formé de Кⲁϯ, *intellect;* etc.

aux langues de ces deux peuples, que quelques savans
ont cru pouvoir conclure que le copte n'était qu'un
jargon informe, un composé irrégulier de grec, de
latin et d'arabe. Mais cette opinion n'a aucun fon-
dement, et les mots qu'on remarque dans l'égyptien
et dans l'arabe, et avec la même acception, sont
justement attribués au voisinage des deux nations. Il
en est de même par-tout ailleurs.

A l'époque où les Arabes firent la conquête de
l'Égypte, ils avaient un alphabet qui contenait les
équivalens de presque tous les élémens de celui des
Égyptiens; et l'on peut remarquer ici que les alphabets
des Orientaux ont presque tous le même nombre de
lettres, et que leur ressemblance est parfaite, consi-
dérés dans les signes destinés à rendre ces inflexions
gutturales qui manquent ordinairement aux alphabets
de l'Europe.

Nous avons déjà dit pourquoi les Arabes adoptèrent
les noms égyptiens des villes que les Coptes avaient
conservés, plutôt que les noms qui leur avaient été
donnés par les Grecs. Toutefois, en les adoptant, les
Arabes les soumirent au génie et aux règles de leur
langue, et comme les Grecs, ils cherchèrent aussi à
trouver dans leur idiome la signification de ces noms.
C'était le propre des Grecs et des Arabes de vouloir se
retrouver par-tout, et ceux-ci se trompaient tout autant
que ceux-là, car la langue égyptienne diffère peut-être

plus de l'arabe que du grec, quoique les grammaires grecque et égyptienne n'aient entr'elles aucune similitude (1).

Les altérations que les Arabes ont fait subir aux noms égyptiens, sont cependant peu considérables; le génie de leur langue les rendait bien souvent nécessaires.

L'alphabet égyptien renfermait plusieurs lettres qui leur étaient inconnues; telles sont ⲡ *p*, ⲟ *o*, et ⲱ *ô*. Ils leur substituèrent leur *b* et leur *ou*, et *o* fut quelquefois remplacé par *a*. Ainsi ces noms égyptiens Ⲡⲁⲛⲁϩⲟ, *Panaho*, Ϣⲟⲧⲡ, *Schotp*, Ⲕⲱⲥ, *Kôs*, furent rendus par *Banaha*, *Schothb*, et *Kous*. Le ϫ *genga*, leur parut tenir le milieu entre leur *ssâd* et leur *schin*, et ces deux lettres furent employées indifféremment à la place du ϫ, comme on le voit par les mots Ⲝⲁⲡⲁⲥⲉⲛ, *Sjapasen*, Ⲝⲁⲛⲓ, *Sjani*, qu'ils écrivirent *Schabas* et *Ssân*. Au lieu de ces deux lettres, ils se servirent quelquefois du *sin*, comme dans *Samannoud*, pour Ⲝⲉⲙⲛⲟⲩϯ, *Sjamanoudi* ou *Sjemnouti*.

Ils remplacèrent aussi le ϩ *hori* égyptien par leur *ha* et leur *hha*; nous citerons pour exemple Ⲧⲟⲩϩⲟ, *Touho*, et ϩⲟⲩ, *hou*, qu'ils ont rendus par *Thahha* et *Hou*.

(1) Barthélemy, dans les *Mémoires de l'Académie des Inscriptions et Belles-Lettres* (tome XXXII, page 212), présente une série de mots communs à ces deux langues.

Le *kha* arabe exprimait exactement le son du ⳧, *Khéi* des Égyptiens ; aussi ont-ils bien orthographié les mots où se trouvait cet élément , tandis que les Grecs ont été dans l'impossibilité de le faire. Le nom de la ville de Cϩⲁⲟⲩ, *Skhôou*, en est une preuve frappante. Les Arabes l'ont écrit *Sakha* et les Grecs Ξοις, parce qu'ils ne pouvaient pas rendre, comme les Arabes, le son palatal du ϩⲉⲓ, *Khéi* égyptien. Les deux lettres égyptiennes ⲧ et ϯ éprouvèrent aussi des modifications chez les Arabes. Ils ont presque toujours écrit *D* là où les Égyptiens écrivaient *T*, et les Grecs *T* ou ⊕ par corruption. Il est facile d'en donner la raison. Les Coptes confondaient le *T* avec le *D*, et ils prononçaient presque toujours *T* comme *D*. Il est même prouvé que cette dernière lettre est absolument étrangère à leur alphabet propre, puisque tous les mots employés dans leurs livres, où cet élément alphabétique se trouve, sont étrangers et n'appartiennent point à la langue copte. Les anciens Égyptiens avaient pour elle la même répugnance ; on en trouve la preuve dans le texte égyptien du précieux monument de Rosette. Dans la partie grecque de cette inscription, il est question d'Areïa, fille de Diogène, Canéphore d'Arsinoé Philadelphe , Κανηφορου Αρσινοης Φιλαδελφου Αρηιας της Διογενους ; la partie du texte égyptien qui est la traduction de ce passage grec , porte AREÎE TISCHERI TÎEKNÔ FAI......

AMARGENÈS , Ⲁⲣⲏⲉ ϯⲅⲏⲉⲣⲥ Ⲧⲏⲉⲕⲛⲟⲩ ϥⲏⲥ... ⲁⲙⲁⲣⲭⲛⲏⲉⲥ (1). On voit que le mot grec Διογενης est rendu en égyptien par Ⲧⲏⲉⲕⲛⲟⲩ, et que le Δ des Grecs a été remplacé par le ⲧ égyptien (2).

En faisant cette remarque, on ne trouvera point de différence notable entre la Τεντυρα des Grecs et la

---

(1) Lignes 3 et 4. On trouve dans cette phrase le mot égyptien ϯⲅⲏⲉⲣⲥ, *Tischéri*, exprimé dans l'inscription par une abréviation qui est constamment employée toutes les fois qu'il faut se servir du mot *fille* (*Akerblad, page* 24). Trois lettres égyptiennes ayant la valeur de FAI terminent la troisième ligne de l'inscription. Ces lettres étaient le commencement du mot égyptien qui traduisait le mot grec Κανηφορου, *Canéphore* (porte-corbeille). FAI est en effet le verbe égyptien Ϥⲁⲥ, *Fai*, porter (*portare*, *ferre*, *tollere*, *Lacroze*). Une fracture de la pierre a fait disparaître le commencement de la quatrième ligne. Le mot qui exprimait *corbeille* n'existe plus ; la quatrième ligne commence par les lettres Ⲏⲛⲏⲉⲥ, qui sont le reste du mot Ⲁⲣⲥⲏⲛⲏⲉⲥ que nous avons restitué par ⲁⲙⲁⲣⲥⲏⲛⲏⲉⲥ, conformément à l'orthographe de ce mot, qui se trouve encore lignes 2, 4, 6, etc., et que nous avons fait précéder de ⲁⲙ (*am*), qui indique le génitif.

(2) Nous remarquerons encore que dans le mot Ⲧⲏⲉⲕⲛⲟⲩ, comme nous le lisons (M. Akerblad lit Ⲧⲥⲟⲕⲛⲏ), l'*epsilon* du mot grec Διογενης est supprimé dans le mot égyptien. Il en est de même dans le nom grec Βερενικης qui, dans le texte égyptien, est écrit Ⲃⲣⲛⲏⲕⲉⲥ, *BRNIKÈS*, où les deux *epsilon* sont aussi supprimés.

Dendérah (1) des Arabes. Les premiers ont exactement orthographié en grec le nom égyptien, et les
seconds nous en ont conservé la prononciation, ce
qui est beaucoup mieux, sous plus d'un rapport.

Enfin, l'article égyptien ⲧ fut écrit *Da* par les
Arabes, comme dans *Damanhour*, en égyptien
ⲧⲓⲙⲁⲛϩⲱⲣ, *Timanhôr*.

Toutes ces permutations de lettres consonnes sont
très-peu importantes par elles-mêmes ; mais leurs règles
extraites de leur emploi dans les mots et soumises à
des épreuves qui les confirment, nous offrent un grand
intérêt, puisqu'elles nous donnent les moyens d'orthographier en lettres égyptiennes un nom égyptien de
ville dont nous n'avons que la corruption arabe.

Quant aux voyelles égyptiennes, les Arabes les ont
très-souvent confondues. Dans les mots arabes, *a* remplace les voyelles égyptiennes ⲟ et ⲱ, et quelquefois
même la diphtongue ⲱⲟⲩ, *ôou ;* les permutations de *E*
en *I*, et de *A* en *E*, sont très-ordinaires. Mais on n'en
sera point étonné, lorsqu'on observera combien est
fréquente dans la langue égyptienne la permutation
d'une voyelle en une autre. Dans les livres coptes, on
trouve indifféremment ⲏⲡ, ⲟⲡ, ⲱⲡ, pour exprimer
l'idée de *compter ;* ⲕⲉϣ, ⲕⲱϣ, *briser ;* ⲗⲱⲥ,
ⲗⲉⲥ, ⲗⲉⲥ, *mettre en pièces ;* ⲙⲉⲓ, ⲙⲉⲓ, *aimer,*
et une grande quantité d'autres exemples.

---

(1) Ville de la haute Égypte.

Quelques autres changemens que les Arabes firent
subir aux noms égyptiens, eurent pour cause la nature
même de leur langue, et les règles d'euphonie qu'ils
s'étaient faites. C'est par ces motifs qu'ils retranchaient
très-souvent les finales des mots, sur-tout lorsqu'ils
étaient terminés par des voyelles.

Il est encore une observation bien importante à
faire : les Arabes ont ajouté, par euphonie, un **A**
(Alif) au commencement de tous les noms égyptiens
qu'ils ont conservés; tels sont, par exemple, *Abousir*,
Athfihh, *Akhmim*, *Asna*, *Asouan* ou *Osouan*, et un
grand nombre d'autres.

Les Orientaux, et plus particulièrement les Arabes,
font usage de cette addition d'un *a* initial pour les
mots qu'ils empruntent d'une langue étrangère. C'est
ainsi, comme l'observe très-bien M. Sylvestre de
Sacy (1), qu'ils ont fait subir cette modification aux
mots grecs κλιμα, ϛομα, qu'ils écrivent *Aklim* et
Astoum (2). Cet usage des Arabes, constaté par
beaucoup d'exemples, empêche de croire que l'*Alif*
ajouté au commencement des noms des villes de
l'Égypte, remplace l'article égyptien indéfini oy, *ou,*

---

(1) *Lettre au citoyen Chaptal, sur le Texte égyptien de
l'Inscription de Rosette,* pages 15 et 16.

(2) Les Arabes prononcent ces deux mots *Iklim* et *Ostoum.*
Nous les avons orthographiés comme ils les écrivent, pour mieux
faire sentir l'addition qu'ils y ont faite.

comme sembleraient l'indiquer les noms *Oschmoun* et
Osiouth, dont l'Alif initial est affecté d'un *dhamma.*

Les noms égyptiens ont quelquefois été traduits par
les Arabes, et leurs traductions sont à-peu-près
exactes. Ces diverses circonstances inspirent une
grande confiance dans les noms qu'ils donnent encore
aux anciennes villes de l'Égypte, et l'on ne saurait
trop remarquer la fidélité avec laquelle ils les ont
conservés; et en cela, non-seulement leurs nomen-
clatures sont d'accord avec les noms que les Coptes,
descendans des Égyptiens, et les Grecs leur ont
donnés, mais encore avec ceux que Moïse, égyptien
de naissance, et tous les Prophètes nous ont transmis
dans les textes hébreux des livres saints.

Nous aurions bien desiré présenter ces noms écrits
avec les signes propres aux langues auxquelles ils
appartiennent; mais cela ne nous a pas été possible,
et nous avons été forcés de renoncer à quelques-uns
des avantages que nous y aurions trouvés. Nous avons
cherché un moyen de compensation qui ne fît rien
perdre à nos recherches de l'intérêt qu'elles peuvent
présenter, ni aux discussions auxquelles elles don-
neront lieu, rien de la clarté et de l'ordre qui leur
sont nécessaires.

Nous avons exprimé les noms arabes en lettres
latines; nous devons rendre compte de la méthode
de permutation que nous avons adoptée.

Après avoir étudié celle qui a été publiée par M. le
sénateur Volney (1), celle de Williams Jones , pré-
sident de la Société Asiatique de Calcutta (2), celle
que M. Langlès (dont je me rappelle avec reconnais-
sance les savantes et utiles leçons) a insérée dans son
édition de Norden (3), enfin celle qu'ont préférée
les rédacteurs de la *Description de l'Égypte* (4), j'ai
adopté en partie la méthode de M. Langlès. Il paraît
utile de présenter ici le tableau des lettres arabes dont
l'alphabet latin ne peut exprimer la valeur par un seul
élément; ce tableau fera connaître en même tems la
méthode de transcription dont nous avons fait usage.

---

(1) *Simplification des Langues Orientales , ou méthode nou-*
velle et facile d'apprendre les langues Arabe , Persane et
Turque , avec des caractères européens. — Paris, de l'Imprimerie de la République, an III, in-8°.

(2) *Recherches Asiatiques , ou Mémoires de la Société établie*
au Bengale pour faire des recherches sur l'histoire, les antiquités,
les arts et les sciences de l'Asie ; traduction de Labaume. Paris,
Impr. Imp. , introd. tome I, pag. XXV et suivantes.

(3) Cet ouvrage contient de nombreuses et savantes recherches
de M. Langlès , qui rectifient plusieurs observations de Norden.

(4). A la fin de l'Avertissement qui accompagne la *Préface*
historique de M. FOURIER , en tête du premier volume des planches
d'Antiquités.

Nom de la Lettre arabe.	Valeur et représentation en Lettres latines.	Manière de prononcer.
Tsa........	Ts	Le TH dur des Anglais.
HHa.......	HH........	Du gozier, fortement aspirée.
Kha.......	Kh........	Grasseyement palatal.
Dzal.......	Dz	Le TH doux des Anglais.
Schin.......	Sch........	CH Français.
Âin........	Â, Î, Ô, OÛ .	Voyelles très-gutturales.
Ghaïn......	GH........	R grasseyée à la provençale.
SSad.......	SS	S très-dur.
Dhad......	DH........	D très-dur.
Tha	TH........	T très-dur.
Dha.......	DH........	D très-dur.
Ha.	H.........	H doucement aspiré.

Les lettres de l'alphabet arabe qui ne sont pas comprises dans ce tableau, ont leur équivalent simple dans des lettres latines.

Les mots et les passages grecs cités dans le cours de nos recherches étant exprimés en caractères grecs, nous n'avons aucune remarque à faire à ce sujet.

L'importance que présentent les mots et les citations

coptes, sur lesquels notre travail est fondé, nous ont
fait regarder comme très-avantageux de pouvoir les
donner avec les caractères originaux; et c'est en raison
de cette même importance qu'il nous a paru indis-
pensable de mettre tous les lecteurs à même de les
connaître. La langue copte ou égyptienne étant très-
peu cultivée, et ses élémens alphabétiques peu
répandus, nous avons cru utile de les présenter
ici dans l'ordre et avec les noms adoptés par les
grammairiens.

Nous rappellerons à ce sujet que la langue copte est
réellement la langue égyptienne écrite avec les caractères grecs, et nous ajouterons les remarques suivantes.

L'alphabet égyptien, proprement dit, se composait
de 25 signes (1).

On sait que les Égyptiens s'en servirent jusques à
l'époque où ils adoptèrent l'alphabet grec. Des 24
élémens qui composent celui-ci, 18 correspondaient
exactement à la valeur d'autant de lettres des Égyptiens; les six autres étaient étrangères à leur langue.

Toutes ayant été adoptées, l'alphabet grec le fut
entièrement, et le nombre de ses signes resta fixé
à 24; mais comme ils étaient insuffisans pour rendre

(1) Plutarque l'a dit expressément. Nous prouverons ailleurs
que ce rapport de Plutarque est fidèle, et nous développerons plus
au long cette analyse de l'alphabet copte.

quelques inflexions de la langue des Égyptiens, ces
derniers conservèrent ceux de leurs signes alphabétiques qui étaient destinés à exprimer ces inflexions
étrangères à la langue des Grecs. Ces signes étant au
nombre de sept, furent ajoutés à l'alphabet des Grecs,
et par-là l'alphabet copte fut composé de 31 lettres.
C'est dans cet état qu'il nous est parvenu (1) ; il se
compose donc,

1.º De 18 signes grecs qui ont exactement remplacé
la valeur d'autant de signes égyptiens ;

2.º De 6 signes grecs, entièrement nouveaux pour
les Égyptiens, qui ne les ont employés que dans les
mots grecs ou latins qui ont passé dans leur langue ;

3.º De 7 signes appartenans à l'ancien alphabet
égyptien (2), et exprimant des sons étrangers à la
langue grecque.

Ces trois séries correspondent à l'état actuel de
l'alphabet copte. Nous nous sommes attachés à les
faire remarquer dans le tableau suivant ; et pour y
parvenir, nous avons indiqué les signes de la seconde
série

---

(1) Nous ne regardons pas comme une lettre le signe C, *so*, qui
n'est autre chose que le chiffre copte 6, et qui a été mal-à-propos
compris dans l'alphabet, puisque on ne le trouve comme lettre
dans aucun manuscrit copte.

(2) Nous reviendrons sur ce sujet dans nos recherches sur les
écritures des Égyptiens.

série par une †, ceux de la troisième par une *; les signes de la première ne sont précédés d'aucune marque particulière.

ALPHABET COPTE.

Figure.	Nom copte.		Valeur.
Ⲁ ⲁ ⲁ̀	Ⲁⲗⲫⲁ...	Alpha ..	A.
B ⲃ....	Bⲓⲇⲁ....	Vida ...	B. V.
† Ⲅ Ⲅ ⲅ	Ⲅⲁⲙⲙⲁ.	Gamma .	G.
† Ⲗ ⲇ...	Ⲇⲁⲗⲇⲁ..	Dalda ..	D.
Ⲉ ⲉ ⲉ̀...	Ⲉⲓ......	Ei	E. A bref.
† Ⲍ....	Ⲍⲓⲧⲁ....	Zida ...	Z.
H ⲏ....	Hⲧⲁ.....	Ida	I. *AI.* *EI.*
Ⲑ ⲑ....	Ⲑⲓⲧⲁ....	Thida...	TH.
I ⲓ ⲓ̀....	Iⲁⲩⲧⲁ...	Iauda...	I.
Ⲕ ⲕ....	Ⲕⲁⲡⲡⲁ..	Kabba..	K.
Ⲗ ⲗ....	Ⲗⲁⲩⲗⲁ..	Laula...	L.
Ⲙ ⲙ ⲙ̀	Ⲙⲓ......	Mi	M.
Ⲛ ⲛ ⲛ̀..	Ⲛⲓ......	Ni	N.
† Ⲝ ⲝ....	Ⲝⲓ......	Exi	X.
Ⲟ ⲟ ⲟ̀..	Ⲟ......	O	O bref.
Ⲡ ⲡ....	Ⲡⲓ......	Pi	P.
P ⲣ....	Ⲡⲟ......	Ro	R.

Figure.	Nom copte.		Valeur.
C c...	Cⲥⲱⲃ....	Sima ...	S.
T ⲧ ⲧ	Tⲃⲩ.....	Dau....	T. D.
† Ⲩ ⲩ ⲩ	Ⲩⲉ.......	Ue.....	U.
Φ ⲫ...	Ⲫⲥ.......	Phi.....	PH.
X ⲭ...	Xⲥ.......	Ch.....	CH.
† Ⲯ......	Ⲯⲥ.......	Epsi....	PS.
Ⲱ ⲱ...	Ⲱ.......	O......	Ô long.
* Ϣ ϣ...	Ϣⲉⲥ....	Schei...	SCH allemand.
* Ϥ ϥ....	Ϥⲉⲥ.....	Fei.....	F.
* Ⳳ ⳳ ⳓ	Ⳳⲉⲥ.....	Khei...	Kн.
* Ⲉ ⲉ...	Ⲋopⲥ.....	Hori....	H.
* Ⳉ ⳉ...	Xⲁⲛⳉⲥⲃ.	Sjansjia.	SJ.
* Ⳓ ⳓ....	Ⳓⲥⲱⲃ....	Scima...	S fort.
* Ϯ ϯ...	Ϯⲥ.......	Dei.....	Di, et Ti.

Telles sont les notions que nous avons cru devoir réunir ici sur le plan et le but de cet ouvrage. Nous les regardons comme suffisantes pour en faciliter la lecture. Ces notions offriront encore un avantage de plus, si elles contribuent à répandre le goût de la langue égyptienne, en excitant le zèle de quelque philologue, et en l'engageant à diriger ses travaux vers l'étude d'une langue qui doit conduire à la connaissance des antiquités littéraires de l'Égypte.

TABLEAU ANALYTIQUE

De la Géographie de l'Égypte sous les Pharaons.

Nom Égyptien ou Copte.	Nom Grec.	Nom Arabe.	Nom Vulgaire.

I. Frontière méridionale de l'Égypte.

| Ⲡⲕⲁϩⲛⲛⲟ̄ⲟⲟⲩ. Ⲛⲉⲟ̄ⲟⲟⲩ. Ⲉⲑⲁⲩϣ. | Aιθιοπια. | El-Hhabbesch. L'Éthiopie. |
| Ⲧⲁⲛⲟⲩⲃⲁⲧⲓⲁ. Ⲧⲛⲃⲏ. Ϯⲗⲓⲃⲏ. | Νουβαι. | El-Noubah. La Nubie. |

II. Nom de l'Égypte.

| Ⲭⲏⲙⲓ. Ⲕⲏⲙⲉ. | Aιγυπτος. | Missr. | L'Égypte. |

III. Nom du Nil.

| Ⲫⲓⲁⲣⲟ ⲛⲧⲉⲭⲏⲙⲓ. | Νειλος. | El-Nil. | Le Nil. |

IV. *Nom des divisions de l'Egypte.*

Ⲡⲑⲟⲩ.   Νομοσ.   Nome.

V. HAUTE ÉGYPTE.

Ⲩⲣⲏⲥ.   Θηβαϊς.   El-Ssâïd.   Haute-Égypte.

I. *Montagnes de la haute Égypte.*

Ⲡⲧⲱⲟⲩ Ⲩⲟⲩϭⲓ.

——— Ⲭⲣⲟϥ.

——— ⲉ̀Ⲩⲉⲣⲟⲉⲓⲧ.

——— ⲛ̀Ⲥⲛⲏ.

——— Ϭⲏⲙⲓ.

——— Ⲡⲱϭⲉⲡⲟϫⲉ.

——— Ⲣⲱⲧⲟⲱϩⲛⲥ.

——— Ⲧⲏⲣⲏⲃ.

——— Ϩⲃⲟⲉ.

——— ⲛ̀Ⲗⲧⲣⲏⲡⲉ.

——— ⲛ̀Ⲥⲓⲟⲟⲩⲧ.

——— ⲛ̀Ⲡⲓⲟⲩ.

——— ⲛ̀ⲧⲗⲟϩ.

II. Villes de la haute Egypte.

§. I.er THÉBAÏDE.

Ueτ χнⲁⲥⲉ ⲅ.	Μελαχομψος.		
Πⲩⲗⲃⲕ.	Φυλαι.	Bilaq.	Phylæ.
Coⲩⲃⲛ.	Συηνη.	Asouan.	Syéne.
Coⲩⲃⲛ ⲁⲡⲉⲙⲉⲛⲧ.		Gharbi-Asouan.	ContraSyéne.

Πⲑⲟⲩ ⲛ Uⲃⲱ, nome d'Ombos.

Uⲃⲱ.	Ομβος.	Koum-Ombou.	Ombos.
Χⲟⲗⲭⲗ.	Σιλϳλις	Djebel-Selséleh.	Silsilis.
Πⲓⲑⲟⲙ.		El-Bouëïb.	Tom, Tohum.

Πⲑⲟⲩ ⲛⲁⲧⲃⲱ, nome d'Appollinopolis magna.

ⲁⲧⲃⲱ.	Απολλωνος πολις.	Odfou.	Edfou.
Φ ⲅⲛⲟⲩⲩ.			

Πⲑⲟⲩ ⲛⲤⲛⲏ, nome de Latopolis.

Cⲛⲏ.	Λατοπολις.	Asna.	Esné.
Θⲟⲩⲱⲧ.	Κροκοδειλων πολις.	Touôt.	Tuot.

(54)

Ⲡⲥⲟⲩ ⲛⲈⲣⲙⲟⲛⲧ, *nome d'Hermonthis.*

| Ⲉⲣⲙⲟⲛⲧ.
Ⲁⲣⲙⲟⲛⲧ. | Εϱμονϑις. | *Arment.* | Hermonthis. |

Ⲡⲥⲟⲩ ⲛⲀⲙⲟⲩⲛ, *nome de Thèbes.*

Ⲧⲁⲡⲉ.	Θηβαι.		Thèbes.
Ⲁⲙⲟⲩⲛ. Ⲛⲁⲙⲟⲩⲛ.	Διοσπολις.		
Ⲡⲁⲡⲏ.		*El-Oqssour.*	Papa.
Ⲕⲁⲥ - Ⲃⲣⲃⲉⲣ.	Απολλωνος πολις.	*Qous.*	Kous.

Ⲡⲥⲟⲩ ⲛⲔⲉϥⲧ, *nome de Coptos.*

| Ⲕⲉϥⲧ.
Ⲕⲉⲡⲧⲟ. | Κοφλος.
Κοπλος. | *Qeft.* | Keft. |

Ⲡⲥⲟⲩ ⲛⲎⲓⲧⲉⲛⲧⲱⲣⲉ, *nome de Tentyra.*

| Ⲧⲉⲛⲧⲱⲣⲉ.
Ⲛⲓⲕⲉⲛⲧⲱⲣⲉ.
Ⲧⲉⲛⲑⲱⲣⲉ. | Τεντυρα. | *Dendera.* | Dendérah,
Tentyris. |
| Ⲑⲁⲕⲁⲧ. | | | |

Ⲡϭⲟⲩ ⲛ̅Ϩⲁⲓ, *nome de Diospolis Parva.*

Ϩⲁⲓ.
Ϩⲟⲩ.   } Διοσπολις μιϰρα.   *Hou.*   How.
Ⲁⲛⲟ.

Ⲫⲃⲟⲟⲩ.
Ⲡⲃⲟⲟⲩ.   }   *Faou.*

Ⲡⲝⲁⲓⲝ.   *Djodj.*

Ⲑⲩⲟⲩϣⲟⲛⲥ.   *Moukhans.*

Ⲧⲍⲃⲉⲛⲏⲏⲥⲓ.

Ⳟⲉⲛⲉⲥⲏⲧ.   Χηνοβοσχια.   Qassr-Essaïad.

§. II. *É G Y P T E   M O Y E N N E.*

Ⲡϭⲟⲩ ⲛ̀Ⲥⲟⲩ, *nome de Soï.*

Ⲥⲟⲩ.
Ⲡⲥⲟⲩ.   }   { *Ibssaï*,   }
Ⲡⲥⲱⲓ.   Συΐς.   } Memshiet.
Ⲯⲁⲓⲥ.   { *El-Monschat.* }

Ⲡⲥⲉⲛϩⲱⲟⲩⲧ.

Ⲛⲓⲟⲩⲁϩⲉ.   Ὀασις.   *El-Ouahhat.*   Les Oasis!

Ⲡⲑⲟϣ ⲛϢⲙⲓⲛ, *nome de Panopolis.*

Ϣⲙⲓⲛ.	Πανων πολις.	*Ikhmim.*	Akhmim.
Ⲭⲙⲓⲙ.	Χεμμις.		

Ⲑⲙⲟⲩⲓ ⲛⲡⲁⲛⲉϩⲏⲟⲩ.

Ⲡⲗⲉⲩⲓⲧ.

Ⲧⲥⲱⲓⲛⲉ.

Ϣⲉⲛⲁⲗⲟⲗⲏⲧ.

Ⲁⲧⲣⲏⲡⲉ.	Κροκοδειλων πολις.	*Adribe.*	Crocodilopolis.
Ⲁⲑⲣⲏⲃⲓ.			

Ⲡⲑⲟϣ ⲛⲦⲕⲱⲟⲩ, *nome d'Antœopolis.*

Ⲧⲕⲱⲟⲩ.	Ανταιου πολις.	*Qau-el-Kubbara.*	Kau-el-Kebir.
Ⲧⲕⲟⲟⲩ.		*Qau-el-Kharab.*	
Ⲕⲟⲥ-ⲕⲁⲙ.	Απολλωνος πολις.	*Qous-Kam.*	Koskam.

Ⲡⲑⲟϣ ⲛϢⲱⲧⲡ, *nome d'Hypsèlis.*

Ϣⲱⲧⲡ.	Υψηλις.	*Schothb.*	Hypsélis.
Ⲡⲁⲫⲟⲣ.			

Ⲡⲑⲟϣ ⲛⲤⲓⲟⲟⲩⲑ, *nome de Lycopolis.*

Ⲥⲓⲟⲟⲩⲑ.	Λυκων πολις.	*Osiouth.*	Asiouth, Siut.
Ⲥⲓⲱⲟⲩⲧ.			

Ⲧϫⲉⲗⲓ.			
Ⲟⲁⲛⲃⲁⲗⲟⲧ.		*Manfélouth.*	Manfalout.
Ⲟⲁⲛⲕⲁⲡⲱⲧ.		*Mankabad.*	
Ⲛⲓⲱⲁⲛⲑⲱⲟⲩⲧ.		*Mantout.*	
Ⲕⲱⲥ-ⲕⲟⲱ.	Ⲕⲱⲥ.	*El-Qoussiah.*	Cusæ.
Ⲑⲁⲓⲛⲓ.		*Tounah.*	Tanis superior.
Ⲃⲏⲥⲃ. *		*Insiné.*	Antinoé.
Ⲭⲟⲩⲃⲟⲩⲣⲉ.			

Ⲡⲑⲟⲩ ⲛϢⲟⲟⲩⲛ, *nome d'Hermopolis magna.*

Ϣⲟⲟⲩⲛ.	Ⲏⲣⲙⲏⲥ ⲡⲟⲗⲓⲥ.	*Oschmounéin.*	Achmounéin.
Ⲥⲧⲉⲗⲗⲟⲩ.			
ⲛϨⲓⲡ.	Ⲛⲓⲃⲓⲥ.		Ibiù, Ibæum.

Ⲡⲑⲟⲩ ⲛⲦⲟⲩϩⲁ, *nome de Touhô.*

Ⲧⲟⲩϩⲁ. / Ⲧⲟⲩϩⲟ.	Ⲑⲉⲱⲇⲟⲥⲓⲟⲩ ⲡⲟⲗⲓⲥ.	*Tahha.*	Taha.
Ⲡⲉⲣⲇⲟⲩϣ.			
Ⲑⲙⲟⲛⲏ. / Ⲧⲙⲟⲟⲛⲏ.		*Miniét-Ibn-Khasib.*	Miuié.
Ⲛⲓⲕⲉϥⲑⲣ. *		*El-Kifour.*	

Ⲡⲑⲟϣ ⲛ̅Ⲕⲁⲓⲥ, *nome de Cynopolis.*

Ⲕⲁⲓⲥ.	⎫		
Ⲕⲟⲉⲓⲥ.	⎬ Κυνων πολις.	*El-Qis.*	El-Gis.
Ⲧⲥⲱⲥ.	⎭		

Ⲡⲑⲟϣ ⲛ̅Ⲡⲉⲩⲭⲉ, *nome d'Oxyrynchus.*

Ⲡⲉⲩⲭⲉ.	Οξυρυγχος.	*El-Bahnèsa.*	Bénécé.
Ⲕⲁⲛⲧϣ.			
Ⲧⲱⲝⲓ.			
Ⲯⲉⲛⲉⲣⲱⲓ.	Ψενερος.		
Ⲧⲉⲣⲃⲉ.			
Ⲛⲉ ϩⲣⲓⲧ.		*Ihrit.*	
Ⲡⲁⲛⲕⲱⲗⲉⲩⲥ.			
Ⲭⲉⲗⲃⲁ ϩ.			

Ⲡⲑⲟϣ ⲛ̅Ϩⲛⲏⲥ, *nome d'Heracléopolis.*

Ϩⲛⲏⲥⲓ	⎫		
Ϩⲛⲉⲥ.			
Ⲉϩⲛⲉⲥ.	⎬ Ηⲣⲁⲕⲗⲉⲩⲥ πολις.	*Ahnas.*	Ahénas.
Ⲛⲁⲩⲓ.			
Ϣⲃⲉⲛϯ.	⎭		

Ⲡⲟⲩϫⲓⲛ.		*Tahha-Bousch.*	**Bouch.**
Ⲫⲁⲛⲛⲓϫⲱⲓⲧ.		*El-Zeitoun.*	
Ⲫⲟⲧⲟϩ ⲛ̄ⲛⲓⲃⲙⲏⲟⲩ.			
Ⲧⲕⲉⲱϩⲛ.			
Ⲫⲟⲩⲱⲓⲧ.			
Ⲡⲟⲩⲥⲓⲣⲓ.	Ⲛⲉⲓⲗⲟⲩ ⲡⲟⲗⲓⲥ.	*Aboussir.*	Nilopolis.
Ⲏⲃⲏⲥⲓ.		*Zaoyéh.*	Iseum.

Ⲡϩⲟⲟⲩ ⲛ̄Ⲡⲓⲟⲙ, *nome de Crocodilopolis.*

Ⲡⲓⲟⲙ.	} Ⲕⲣⲟⲕⲟⲇⲉⲓⲗⲱⲛ ⲡⲟⲗⲓⲥ.	*El-Fayyoum.*	Le-Fayoum.
Ⲡⲓⲃⲙ.			
Ⲡⲓⲃⲓⲙⲉⲛ ⲉ̇ⲡⲓⲟⲙ.	Ⲙⲟⲓⲣⲓⲇⲟⲥ ⲗⲓⲙⲛⲏ.	*Birket - Qaroun.*	Birket-Karoun.
Ⲫⲁⲡⲓⲃⲙⲟⲩⲛ.			
Ⲥⲟⲩⲛ̄ϩⲱⲣ.		*Sanhour.*	

Ⲡϩⲟⲟⲩ ⲛ̄Ⲧⲡⲏϩ, *nome d'Aphroditopolis.*

Ⲧⲡⲏϩ.	} Ⲁⲫⲣⲟⲇⲓⲧⲏⲥ ⲡⲟⲗⲓⲥ.	*Athfihh.*	Atfih.
Ⲡⲉⲧⲡⲓⲉϩ.			
Ϯϫⲟⲗ.	}	*Delass.*	Dalas.
Ϯⲗⲟϫ.			

Πϭοϣ ⲛⲨⲉⲙϥⲥ, *nome de Memphis.*

Ⲩⲉϥⲥ. Ⲩⲉⲙϥⲥ. Ⲩⲉⲙⲃⲉ. Ⲩⲉⲛⲃⲉ.	Μεμφις.	*Monfi; Mit-Rahinéh, Mokhnan.*	Memphis.
Ⲑⲃⲁⲃⲏⲗ ⲛ̄ⲕⲏⲙⲉ.	Βαβυλων.	*Bablioun, Massr-el-Âtiq.*	Babylone d'Égypte.
Ⲡⲟⲩⲥⲓⲣⲥ.	Βουσειρις.	*Aboussir.*	Busiris.

VII. *BASSE ÉGYPTE.*

1. *Montagnes de la basse Égypte.*

Ⲡⲧⲱⲟⲩ ⲉ̀Ⲡⲣϩⲟⲥⲉⲙ.

———— ⲉ̀Ⲡⲉⲣⲛⲟⲩⲭ.

———— Ⲏⲥⲣⲥ.

———— ⲛ̄ⲗ̄ⲙⲟⲩⲛ̄.

———— ⲉ̀Ⲡⲁⲙϩϩⲟ.

———— ⲛ̄Ⲭⲁⲛⲏ.

2. *Villes de la basse Égypte.* — 1.ʳᵉ *Division.*

Ⲡϭοϣ ⲛ̄Ⲱⲛ, *nome d'Heliopolis.*

ϯⲃⲁⲕⲥ Ⲱⲛ.	Ηλιου πολις.	*âin-Schams.*	La Matarié.
Ⲡⲉⲣϣⲁⲡ.		*Berschoub.*	
Ⳡⲉⲧⲛⲟⲩϥⲥ.		{ *Zofaïti-Schatnouf.*	

Ⲡϯⲱϣⲛ̅ϩⲁⲓⲣ-ϫⲉⲃⲣⲁⲓ.	{ *Damanhour-* *Schobra.*
Ⲡⲟⲩⲥⲓⲣⲓ.	*Aboussir.*
Ⲑⲁⲛⲧⲁⲛⲁ.	*Dandana.*
Ⲑⲟⲩϩⲟ-Ⲛⲟⲩⲃ.	{ *Tahha-Noub.*
Ⲛⲟⲩⲃ-Ⲑⲟⲩϩⲟ.	{ *Noub-Tahha.*
ⲛ̅ⲗⲩⲟⲩⲛ.	*Namoun-el-Sidr.*
Ⲫⲉⲗⲃⲉⲥ.	
Ⲫⲉⲗⲃⲏⲥ.	{ *Bilbeis – el-* *Khandaq.*
Ⲫⲗⲃⲉⲥ.	
Ⲡⲟⲥⲟⲕ.	*Bilbeis.* Belbeis.

Ⲡϭⲟϣ ⲛ̅Ⲫⲁⲣⲃⲁⲓⲧ, *nome de Pharbæthus.*

ϯⲃⲁⲕⲓ Ⲫⲁⲣⲃⲁⲓⲧ.	Φαρβαιθος.	*Farbaïth.*	Pharbœthus.

Ⲡϭⲟϣ ⲛ̅ϯⲁⲣⲁⲃⲓⲁ, *nome Arabique.*

Ⲫⲁⲕⲱⲓⲥ.	{ Φακκουσης.	*Tall-Faqous.*	Phacuse.
Ⲫⲁⲕⲟⲩⲥ.			
Ⲡⲓϭⲟⲙ.	Πατουμος.	*El-Bouéib.*	Tom, Tohum.

Ⲡϭⲟϣ ⲛ̅Ⲡⲟⲩⲃⲁⲥϯ, *nome de Bubaste.*

ϯⲃⲁⲕⲓ Ⲡⲟⲩⲃⲁⲥϯ.			
Ⲡⲟⲩⲃⲁⲥϯ.	Βουβαστις.	*Tall-Basta.*	Bubaste.
Ⲡⲓⲃⲁⲥϯ.			

Ⲩⲉϣⲧⲱⲗ.	Μαγδολος.	*Maschtoul.*	Magdolum.
Ⲡⲉⲥⲕⲣⲡ.			
Ⲡⲉⲥⲉⲡ.		*Village du Hauf.*	
Ⲡⲁⲕⲟⲩⲃ.		*Banoub.*	
Ⲡⲥⲕⲗⲧⲥⲙⲃ. *	Κλυσμα.	*El-Kolzoum.*	Clysma.
Ⲡⲥⲁⲣⲓⲟⲩ.			
Ⲡⲉⲣⲉⲙⲟⲩⲛ.	Πηλουσιον.	*Faramèh,* *El-Fourma.*	Féluse.

3. *Villes de la basse Égypte.* — 2.ᵉ Division.

Ⲡⲑⲟϣ ⲛⲗⲑⲣⲏⲃⲥ, *nome d'Athribis.*

ⲧⲃⲁⲕⲓ Ⲗⲑⲣⲏⲃⲥ.	Αθειϭις.	*Trib, Atrib.*	Athribis.
Ⲗⲑⲗⲏⲃⲥ.			
Ⲡⲟⲩϣⲏⲙ.		*Aussim.*	
Ⲡⲁⲕⲁϩⲟ.		*Banha-Elással.*	
Ⲧⲟⲩϩⲟ.		*Tahha.*	
Ⲧⲟⲩϥⲓ.		*Thafis.*	
Ⲡⲥⲑⲉⲗ ⲛⲙⲟⲩⲓ.	Λεωντος πολις.	*Thal-Essebá.*	Leontopolis.
Ⲥⲃⲙⲟⲩ.	Ξοις.	*Sakha.*	Xoïs.
Ⲧⲉⲙⲥⲙϯ.		*Demsis.*	Demsis.

Ⲡⲧⲟϣ ⲛⲬⲁⲛⲓ, *nome de Tanis,*

ϯⲃⲁⲕⲓ Ⲭⲁⲛⲓ.	Τανις.	Ssan,	Tanis.
Ⲁⲑⲉⲛⲛⲉⲥ. Ⲑⲉⲛⲏ̄ⲏⲥⲓ.	} Θεννησος.	Tennis.	Tennis.

Ⲡⲧⲟϣ ⲛⲮⲟⲟⲩ, *nome de Mendès.*

Ⲯⲟⲟⲩ ⲛⲉⲣⲩⲁⲛ. Ⲯⲟⲟⲛ ⲛⲉⲣⲩⲁⲛ.	} Μενδης.	{ Oschmoum- Thannahh, }	Mendès.
Ⲑⲙⲟⲩⲓ.	Θμουις.	{ Tamouaïh, Tamayéh. }	Demaïé.
Ⲛⲁⲁⲙⲟⲩⲛ.	Διος πολις μιϰⲉⲁ.		{ Diospolis parva,
Ⲡⲁⲛⲧⲫⲉⲥⲟⲛ. *	Πανεφυσις.		
Ⲭⲉⲃⲣⲱ-Ϩⲱⲣ.		Schobra-Hour.	
Ⲡϣⲁⲣⲱⲧ.		El-Baschrouth.	Beschrut,
Ⲡⲓϩⲟⲣⲙⲉⲥ-ⲧⲁⲙⲟⲩⲗ.			
Ⲧⲉⲙⲁϯ.	Ταμιαθις.	Damiath.	Damiette.
Ⲃⲁⲣⲓ.	Βαⲣⲓς.		

4. *Villes de la basse Egypte.* — 3.ᵉ Division.

Ⲯⲉⲧⲛⲟⲩϥⲓ.	Schatnouf.
Ⲯⲉⲙⲟⲩⲩⲓ. Ⲯⲉⲩⲙⲟⲩⲙ. Ⲟⲩⲟⲩⲙⲓ.	Shumum.

Ⲡⲁⲛⲟⲩϥ ⲣⲏⲥ.	}	Ménouf.	} Ménouf du Delta.
Ⲩⲁⲛⲟⲩϥⲓ.			

Ⲁⲑⲁⲓⲣⲃⲁⲕⲓ.	Ⲁⲧⲁⲣⲃⲏⲭⲓⲥ.	Aphroditopolis.
Ⲧⲁⲩⲁϯ.	}	
Ⲧⲁⲩⲁϩ.		
Ⲫⲁⲣⲥⲓⲛⲉ.		Sarsana.
Ⲥⲁ ⲛⲉⲙ ⲥⲁⲧϥ.		Ssa-oua-âaṣṣf.
Ⲡϣⲁϯ.		Ibschadi.
Ⲥⲁⲃⲁⲣⲟⲩ.		
Ⲧⲁⲧⲃⲁϩ.	} Ⲧⲁⲟⲩⲁ.	Thaouah. Taua.
Ⲧⲁⲗⲉⲛⲁⲩ.		
Ⲧⲁⲛⲟⲩⲃ.		Tanoub.

Ⲡⲑⲟϣ ⲛ̀Ⲥⲁⲓ, nome de Saïs.

ϮⲂⲁⲕⲓ Ⲥⲁⲓ.	Ⲥⲁⲓⲥ.	SSa-el-HHadjar.	Saïs.
Ⲑⲱⲟⲛⲏ.		Miniet-Thanah.	
Ⲥⲓⲟⲩϥ.	Ⲥⲓⲩⲫ.	Ssaouaféh.	

Ⲡⲑⲟϣ ⲙ̀Ⲡⲁⲛⲁⲩ, nome de Panaou.

ϮⲂⲁⲕⲓ Ⲡⲁⲛⲁⲩ.	Bana.
Ϯⲫⲣⲉ.	Defri.

Ⲡⲑⲟϣ ⲛⲠⲟⲩⲥⲓⲣⲓ, *nome de Busiris.*

Ⲁⲃⲃⲁⲕⲓ Ⲡⲟⲩⲥⲓⲣⲓ.	Βουσιεις.	{ Aboussir, Boussir-Bana. }	Busiris.
Ⲧⲁⲥⲉⲩⲡⲟϯ.			
Ⲕⲟⲉⲥ.	{ Κυνος πολις.		
Ⲕⲱⲓⲥ.			

Ⲡⲑⲟϣ ⲛⲬⲉⲩⲛⲟⲩϯ, *nome de Sebennytus.*

Ⲭⲉⲩⲛⲟⲩϯ.	ΣεϬεννυτος.	Samannoud.	Sebennytus.
Ϯⲃⲙⲏⲓⲣⲓ.	{	Démirah.	
Ϯⲃⲙⲉⲓⲣⲓ.			
Ϯϣⲁⲓⲣⲓ.		{ Mehhallet el-Kebir.	Mehallé la grande.

Ⲡⲑⲟϣ Ⲛⲓⲙⲉϣⲟⲩϯ, *nome Meschoti.*

Ⲡⲁⲏⲥⲓ.	Τισις.	Bah-Bait.	Isidis oppidum.
Ⲥⲁⲫⲏⲧ.			
Ⲡⲁⲛⲟⲩϥ Ⲫⲏⲧ.	Ονουφις.	Banoub.	Onuphis.
Ⲭⲁⲡⲁⲥⲉⲛ.		Schabbas.	
Ⲡⲧⲉⲛⲉⲧⲱ.	Φθενοτης νομος.		
Ⲕⲟⲡⲣⲏⲧ.			Coprithis.
Ⲧⲁⲣϣⲉⲃⲓ.			

Ⲧⲁⲛⲧⲉⲃⲟ.		*Thant,*	Tentha.
Ⲭⲃⲉ ⲟ̄ⲥ. Ⲕⲃⲉ ⲟ̄ⲥ.	} Καβασα.		Cabas.
Ⲟⲉⲗⲉϫ.	Μεθηλις.	*Messil.*	Foua.
Ⲟⲁⲛⲧⲟⲩⲃⲟ.		*Mentoubes.*	Métubis.
Ⲛⲓⲕⲉϫⲱⲟⲩ.	Παραλλος.	*El-Bourlos.*	Brullos.

5. *Villes de la basse Égypte.* — 4.ᵉ Division.

Ⲧⲉⲣⲉⲛⲟⲩⲉⲓ.	Τερενουθις.	*Térénouth.*	Tharraneh.
Ⲩⲓ ⲟ̄ⲏⲧ.	Σχητα.	*Schihat.*	Scété.
Ⲭⲓϫⲃⲏⲣ.			
Ⲛⲉⲑⲟⲩⲓ. *	Ναθω.	*Nata.*	
Ⲡⲟ̄ⲙⲉⲛⲧⲏⲧⲓ.			
Ⲡⲉⲑⲉⲛⲟⲛ.			
Ⲡⲧⲟⲩⲓⲛ ⲟ̄ⲱⲣ.	Ηρμης πολις.	*Damanhour.*	Demenhour.
Ⲧⲟⲩⲫⲱⲧ.			
Ⲥⲟⲣⲓⲛ ⲟ̄ⲱⲣ.		*Sanhour.*	Senhur.
Ⲁⲣⲃⲉⲧ.		*Kharbata.*	Charbéta.
Ⲟⲉⲛⲗⲉⲩ.	Μενελαος.	{ *Maouadi-el-* *Aschia.*	
Ⲡϣⲓⲛⲓⲏⲟⲩ.		*Nesterawa.*	

Ⲙⲉⲛⲟⲩϥ.	Μωμεμφις.	*Ménouf.*	Momemphis.
Ⲭⲉⲣⲉⲩ. * Ⲭⲉⲣⲉⲧⲥ. *	} Χαιρεως.	*El-Kerioun.*	Karioun.
Ϯⲣⲁϣⲓⲧ.	Βολϭιτυη.	*Raschid.*	Rosette.
Ⲧⲕⲱⲓⲟⲩ.		*Atkou.*	Edko.
Ⲕⲁϩⲓⲛⲛⲟⲩϭ.	Κανωϖος.	*Aboukir.*	Canope.
Ⲑⲱⲛⲓⲥ.	Θωνις.		
Ⲙⲉⲛⲟⲩϯ.	Μενουθις.		
Ⲧⲁϕⲟⲩⲥⲓⲣⲥ.	Ταποσειες.		Tapozire.
Ⲥⲟⲛϭⲉⲣ.			
Ⲣⲁⲕⲟϯ. Ⲣⲁⲕⲟⲧⲉ.	} Ρακωτις.	*El-Iskandériah.*	Alexandrie.
Ⲙⲁⲣⲏ. Ⲛⲥϕⲁⲥⲁⲧ.	} Μαρεη.	*Mariouth.*	Maréa.
Ⲡⲟⲩⲥⲓⲣⲥ.	Ταφοσειες.	*Aboussir.*	} Tour des Arabes.
Ⲑⲁⲗⲙⲟⲩⲛ.	Αμμω.	*Baratoun.*	Parœtonium.

www.ingramcontent.com/pod-product-compliance
Lightning Source LLC
LaVergne TN
LVHW020949090426
835512LV00009B/1799